Johann Wolfgang Goethe, geboren am 28. August 1749 in Frankfurt am Main, ist am 22. März 1832 in Weimar gestorben.

Die epigrammatische Sammlung der *Xenien*, erstmals 1796 in dem von Schiller herausgegebenen »Musenalmanach für das Jahr 1797« veröffentlicht, ist eine heftige Reaktion von Goethe und Schiller auf die mit schwacher Resonanz und schlechten Rezensionen aufgenommenen »Horen«. Die Sammlung von beinahe tausend Epigrammen einer, wie Schiller schreibt, »wilden gottlosen Satire, untermischt mit einzelnen poetischen, auch philosophischen Gedankenblitzen«, ist eine Art satirische Abrechnung mit allen literarischen Gegnern.

Welcher der beiden Dichter nun welche Xenien verfaßt hat, läßt sich nicht abgrenzen. Schiller schreibt über den Plan: »Bei einem solchen gemeinschaftlichen Werk ist natürlicher Weise keine strenge Form möglich; alles was sich erreichen läßt, ist eine gewisse Allheit oder lieber Unermesslichkeit . . .«. Schiller löste aus dem Textkorpus die eigentlichen literatur-satirischen Xenien heraus.

Die freundlichen »harmlosen Ansprüche der Lebensweisheit« wurden von Goethe ein Vierteljahrhundert später unter dem Titel »Zahme Xenien« herausgebracht.

insel taschenbuch 875

Goethe

Xenien

GOETHE
XENIEN

Insel Verlag

Umschlagabbildung: Johann Wolfgang Goethe,
Ölgemälde von Georg Oswald May, 1779. Yale University Art Gallery,
William A. Speck Collection, New Haven, Connecticut.
Der Text folgt der Ausgabe:
Goethe. Berliner Ausgabe. [Abt. 1:] Poetische Werke.
Herausgegeben vom Aufbau-Verlag, Lektorat Deutsches Erbe.
Leitung der Redaktion: Siegfried Seidel.
Band 2. Gedichte und Singspiele II. Bearbeitet von Regine Otto.
Aufbau-Verlag Berlin und Weimar ³1980

insel taschenbuch 875
Erste Auflage 1986
Insel Verlag Frankfurt am Main
Lizenzausgabe mit freundlicher Genehmigung
des Aufbau-Verlages Berlin und Weimar
Vertrieb durch den Suhrkamp Taschenbuch Verlag
Umschlag nach Entwürfen von Willy Fleckhaus
Satz: LibroSatz, Kriftel
Druck: Nomos Verlagsgesellschaft, Baden-Baden
Printed in Germany

1 2 3 4 5 6 – 91 90 89 88 87 86

XENIEN

von Schiller und
Goethe

Triste supercilium durique severa Catonis
Frons et aratoris filia Fabricii
Et personati fastus et regula morum,
Quidquid et in tenebris nos sumus, ite foras.

Der ästhetische Torschreiber

Halt, Passagiere! Wer seid ihr? Wes Standes und Charakteres?
Niemand passieret hier durch, bis er den Paß mir gezeigt.

Xenien

Distichen sind wir. Wir geben uns nicht für mehr noch für minder.
Sperre du immer, wir ziehn über den Schlagbaum hinweg.

Visitator

Öffnet die Koffers. Ihr habt doch nichts Kontrebandes geladen?
Gegen die Kirche? den Staat? nichts von französischem Gut?

Xenien

Koffers führen wir nicht. Wir führen nicht mehr, als zwei Taschen
Tragen, und die, wie bekannt, sind bei Poeten nicht schwer.

Der Mann mit dem Klingelbeutel

Messieurs! Es ist der Gebrauch: wer diese Straße bereiset,
Legt für die Dummen was, für die Gebrechlichen ein.

Helf Gott

Das verwünschte Gebettel! Es haben die vorderen Kutschen
Reichlich für uns mit bezahlt. Geben nichts. Kutscher, fahr zu!

Der Glückstopf

Hier ist Messe, geschwind, packt aus und schmücket die Bude,
Kommt, Autoren, und zieht, jeder versuche sein Glück.

Die Kunden

Wenige Treffer sind gewöhnlich in solchen Boutiquen,
Doch die Hoffnung treibt frisch und die Neugier herbei.

Das Widerwärtige

Dichter und Liebende schenken sich selbst; doch Speise voll Ekel,
Dringt die gemeine Natur sich zum Genusse dir auf!

Das Desideratum

Hättest du Phantasie und Witz und Empfindung und Urteil,
Wahrlich, dir fehlte nicht viel, Wieland und Lessing zu sein!

An einen gewissen moralischen Dichter

Ja, der Mensch ist ein ärmlicher Wicht, ich weiß – doch das wollt ich
Eben vergessen und kam, ach, wie gereut mich's, zu dir.

Das Verbindungsmittel

Wie verfährt die Natur, um Hohes und Niedres im Menschen
Zu verbinden? Sie stellt Eitelkeit zwischen hinein.

Für Töchter edler Herkunft

Töchtern edler Geburt ist dieses Werk zu empfehlen,
Um zu Töchtern der Lust schnell sich befördert zu sehn.

Der Kunstgriff

Wollt ihr zugleich den Kindern der Welt und den Frommen gefallen?
Malet die Wollust – nur malet den Teufel dazu.

Der Teleolog

Welche Verehrung verdient der Weltenschöpfer, der gnädig,
Als er den Korkbaum schuf, gleich auch die Stöpsel erfand!

Der Antiquar

Was ein christliches Auge nur sieht, erblick ich im Marmor:
Zeus und sein ganzes Geschlecht grämt sich und fürchtet den Tod.

Der Kenner

Alte Vasen und Urnen! Das Zeug wohl könnt ich entbehren;
Doch ein Majolikatopf machte mich glücklich und reich.

Erreurs et verité

Irrtum wolltest du bringen und Wahrheit, o Bote von Wandsbeck;
Wahrheit, sie war dir zu schwer; Irrtum, den brachtest du fort!

H. S.

Auf das empfindsame Volk hab ich nie was gehalten, es werden,
Kommt die Gelegenheit, nur schlechte Gesellen daraus.

Der Prophet

Schade, daß die Natur nur *einen* Menschen aus dir schuf,
Denn zum würdigen Mann war und zum Schelmen der Stoff.

Das Amalgama

Alles mischt die Natur so einzig und innig, doch hat sie
Edel- und Schalksinn hier, ach! nur zu innig vermischt.

Der erhabene Stoff

Deine Muse besingt, wie Gott sich der Menschen erbarmte,
Aber ist *das* Poesie, daß er erbärmlich sie fand?

Belsazer, ein Drama

König Belsazer schmaust in dem ersten Akte, der König
Schmaust in dem zweiten, es schmaust fort bis zum Ende der Fürst.

Gewisse Romanhelden

Ohne das mindeste nur dem *Pedanten* zu nehmen, erschufst du,
Künstler wie keiner mehr ist, einen vollendeten *Geck*.

Pfarrer Cyllenius

Still doch von deinen Pastoren und ihrem Zofen-
französisch,
Auch von den Zofen nichts mehr mit dem Pastoren-
latein!

Jamben

Jambe nennt man das Tier mit einem kurzen und langen
Fuß, und so nennst du mit Recht »Jamben« das
hinkende Werk.

Neuste Schule

Ehmals hatte man *einen* Geschmack. Nun gibt es
Geschmäcke;
Aber sagt mir, wo sitzt dieser Geschmäcke
Geschmack?

An deutsche Baulustige

Kamtschadalisch lehrt man euch bald die Zimmer
verzieren,
Und doch ist manches bei euch schon kamtschadalisch
genug.

Affiche

Stille kneteten wir Salpeter, Kohlen und Schwefel,
Bohrten Röhren; gefall nun auch das Feuerwerk euch.

Zur Abwechslung

Einige steigen als leuchtende Kugeln und andere zünden,
Manche auch werfen wir nur spielend, das Aug zu erfreun.

Der Zeitpunkt

Eine große Epoche hat das Jahrhundert geboren,
Aber der große Moment findet ein kleines Geschlecht.

Goldnes Zeitalter

Ob die Menschen im ganzen sich bessern? Ich glaub es, denn einzeln,
Suche man, wie man auch will, sieht man doch gar nichts davon.

Manso, Von den Grazien

Hexen lassen sich wohl durch schlechte Sprüche zitieren,
Aber die Grazie kommt nur auf der Grazie Ruf.

Tassos Jerusalem, von demselben

Ein asphaltischer Sumpf bezeichnet hier noch die Stätte,
Wo Jerusalem stand, das uns Torquato besang.

Die Kunst zu lieben

Auch zum Lieben bedarfst du der Kunst? Unglücklicher Manso,
Daß die *Natur* auch nichts, gar nichts für dich noch getan!

Der Schulmeister zu Breslau

In langweiligen Versen und abgeschmackten Gedanken
Lehrt ein Präzeptor uns hier, wie man gefällt und verführt.

Amor als Schulkollege

Was das entsetzlichste sei von allen entsetzlichen Dingen?
Ein Pedant, den es jückt, locker und lose zu sein.

Der zweite Ovid

Armer *Naso*, hättest du doch wie *Manso* geschrieben!
Nimmer, du guter Gesell, hättest du Tomi gesehn.

Das Unverzeihliche

Alles kann mißlingen, wir können's ertragen, vergeben,
Nur nicht, was sich bestrebt, reizend und lieblich zu sein.

Prosaische Reimer

Wieland, wie reich ist dein Geist! Das kann man nun erst empfinden,
Sieht man, wie fad und wie leer dein caput mortuum ist.

Jean Paul Richter

Hieltest du deinen Reichtum nur halb so zu Rate wie jener
Seine Armut, du wärst unsrer Bewunderung wert.

An seinen Lobredner

Meinst du, er werde größer, wenn du die Schultern ihm leihest?
Er bleibt klein wie zuvor, du hast den Höcker davon.

Feindlicher Einfall

Fort ins Land der Philister, ihr Füchse mit brennenden Schwänzen,
Und verderbet der Herrn reife papierene Saat!

Nekrolog

Unter allen, die von uns berichten, bist du mir der liebste;
Wer sich lieset in dir, liest dich zum Glücke nicht mehr.

Bibliothek schöner Wissenschaften

Jahrelang schöpfen wir schon das Sieb und brüten den Stein aus,
Aber der Stein wird nicht warm, aber das Sieb wird nicht voll.

Dieselbe

Invaliden Poeten ist dieser Spittel gestiftet;
Gicht und Wassersucht wird hier von der Schwindsucht gepflegt.

Die neuesten Geschmacksrichter

Dichter, ihr armen, was müßt ihr nicht alles hören, damit nur
Sein Exerzitium schnell lese gedruckt der Student!

An Schwätzer und Schmierer

Treibet das Handwerk nur fort, wir können's euch freilich nicht legen;
Aber ruhig, das glaubt, treibt ihr es künftig nicht mehr.

Guerre ouverte

Lange neckt ihr uns schon, doch immer heimlich und tückisch.
Krieg verlangtet ihr ja; führt ihn nun offen, den Krieg.

An gewisse Kollegen

Mögt ihr die schlechten Regenten mit strengen Worten verfolgen,
Aber schmeichelt doch auch schlechten Autoren nicht mehr!

An die Herren N. O. P.

Euch bedaur ich am meisten, ihr wähltet gerne das Gute,
Aber euch hat die Natur gänzlich das Urteil versagt.

Der Kommissarius des Jüngsten Gerichts

Nach Kalabrien reist er, das Arsenal zu besehen,
Wo man die Artillerie gießt zu dem Jüngsten Gericht.

Kant und seine Ausleger

Wie doch ein einziger Reicher so viele Bettler in Nahrung
Setzt! Wenn die Könige baun, haben die Kärrner zu tun.

J-b

Steil wohl ist er, der Weg zur Wahrheit, und schlüpfrig zu steigen,
Aber wir legen ihn doch nicht gern auf Eseln zurück.

Die Stockblinden

Blinde, weiß ich wohl, fühlen, und Taube sehen viel schärfer;
Aber mit welchem Organ philosophiert denn das Volk?

Analytiker

Ist denn die Wahrheit ein Zwiebel, von dem man die Häute nur abschält?
Was ihr hinein nicht gelegt, ziehet ihr nimmer heraus.

Der Geist und der Buchstabe

Lange kann man mit Marken, mit Rechenpfennigen zahlen;
Endlich, es hilft nichts, ihr Herrn, muß man den Beutel doch ziehn.

Wissenschaftliches Genie

Wird der Poet nur geboren? Der Philosoph wird's nicht minder,
Alle Wahrheit zuletzt wird nur gebildet, geschaut.

Die bornierten Köpfe

Etwas nützet ihr doch: die Vernunft vergißt des Verstandes
Schranken so gern, und *die* stellet ihr redlich uns dar.

Bedientenpflicht

Rein zuerst sei das Haus, in welchem die Königin einzieht.
Frisch denn, die Stuben gefegt! Dafür, ihr Herrn, seid ihr da.

Ungebühr

Aber, erscheint sie selbst – hinaus vor die Türe, Gesinde!
Auf den Sessel der Frau pflanze die Magd sich nicht hin.

Wissenschaft

Einem ist sie die hohe, die himmlische Göttin, dem andern
Eine tüchtige Kuh, die ihn mit Butter versorgt.

An Kant

Vornehm nennst du den Ton der neuen Propheten? Ganz richtig!
Vornehm philosophiert, heißt: wie *Roture* gedacht.

Der kurzweilige Philosoph

Eine spaßhafte Weisheit doziert hier ein lustiger Doktor,
Bloß dem Namen nach *Ernst*, und in dem lustigsten Saal.

Verfehlter Beruf

Schade, daß ein Talent hier auf dem Katheder verhallet,
Das auf höherm Gerüst hätte zu glänzen verdient.

Das philosophische Gespräch

Einer, das höret man wohl, spricht *nach* dem andern, doch keiner
Mit dem andern; wer nennt zwei Monologen Gespräch?

Das Privilegium

Dichter und Kinder, man gibt sich mit beiden nur ab, um zu spielen;
Nun, so erboset euch nicht, wird euch die Jugend zu laut.

Literarischer Zodiakus

Jetzo, ihr Distichen, nehmt euch zusammen! es tut sich der Tierkreis
Grauend euch auf; mir nach, Kinder! wir müssen hindurch.

Zeichen des Widders

Auf den Widder stoßt ihr zunächst, den Führer der Schafe;
Aus dem *Dykischen* Pferch springet er trotzig hervor.

Zeichen des Stiers

Nebenan gleich empfängt euch sein Namensbruder; mit stumpfen
Hörnern, weicht ihr nicht aus, stößt euch der *Hallische* Ochs.

Zeichen des Fuhrmanns

Alsobald knallet in G** des Reiches würdiger Schwager;
Zwar er nimmt euch nicht mit, aber er fährt doch vorbei.

Zeichen der Zwillinge

Kommt ihr den Zwillingen nah, so sprecht nur: Gelobet sei J-
C-! »In Ewigkeit!« gibt man zum Gruß euch zurück.

Zeichen des Bärs

Nächst daran strecket der Bär zu K** die bleiernen Tatzen
Gegen euch aus, doch er fängt euch nur die Fliegen vom Kleid.

Zeichen des Krebses

Geht mir dem Krebs in B*** aus dem Weg! manch lyrisches Blümchen
Schwellend in üppigem Wuchs, kneipte die Schere zu Tod.

Zeichen des Löwen

Jetzo nehmt euch in acht vor dem wackern *Eutinischen* Leuen,
Daß er mit griechischem Zahn euch nicht verwunde den Fuß.

Zeichen der Jungfrau

Bücket euch, wie sich's geziemt, vor der zierlichen Jungfrau zu *Weimar*!
Schmollt sie auch oft – wer verzeiht Launen der Grazie nicht?

Zeichen des Raben

Vor dem Raben nur sehet euch vor, der hinter ihr krächzet!
Das nekrologische Tier setzt auf Kadaver sich nur.

Locken der Berenice

Sehet auch, wie ihr in S*** den groben Fäusten entschlüpfet,
Die Berenices Haar striegeln mit eisernem Kamm.

Zeichen der Waage

Jetzo wäre der Ort, daß ihr die Waage beträtet;
Aber dies Zeichen ward längst schon am Himmel vermißt.

Zeichen des Skorpions

Aber nun kommt ein böses Insekt aus G-b-n her,
Schmeichelnd naht es; ihr habt, flieht ihr nicht eilig, den Stich.

Ophiuchus

Drohend hält euch die Schlang jetzt Ophiuchus entgegen;
Fürchtet sie nicht, es ist nur der getrocknete Balg.

Zeichen des Schützen

Seid ihr da glücklich vorbei, so naht euch dem zielenden Hofrat
Schütz nur getrost: er liebt und er versteht auch den Spaß.

Gans

Laßt sodann ruhig die Gans in L***g und G**a gagagen!
Die beißt keinen, es quält nur ihr Geschnatter das Ohr.

Zeichen des Steinbocks

Im Vorbeigehen stutzt mir den alten *berlinischen* Steinbock!
Das verdrießt ihn; so gibt's etwas zu lachen fürs Volk.

Zeichen des Pegasus

Aber seht ihr in B**** den Grad' ad Parnassum, so bittet
Höflich ihm ab, daß ihr euch eigene Wege gewählt.

Zeichen des Wassermanns

Übrigens haltet euch ja von dem Dr***r Wassermann ferne,
Daß er nicht über euch her gieße den Elbestrom aus.

Eridanus

An des Eridanus Ufern umgeht mir die furchtbare Waschfrau,
Welche die Sprache des Teut säubert mit Lauge und Sand.

Fische

Seht ihr in *Leipzig* die Fischlein, die sich in Sulzers Zisterne
Regen, so fangt euch zur Lust einige Grundeln heraus.

Der fliegende Fisch

Neckt euch in *Breslau* der fliegende Fisch, erwartet's geduldig,
In sein wäßrichtes Reich zieht ihn Neptun bald hinab.

Glück auf den Weg

Manche Gefahren umringen euch noch, ich hab sie verschwiegen;
Aber wir werden uns noch aller erinnern – nur zu!

Die Aufgabe

Wem die Verse gehören? Ihr werdet es schwerlich erraten.
Sondert, wenn ihr nun könnt, o Chorizonten, auch hier!

Wohlfeile Achtung

Selten erhaben und groß und selten würdig der Liebe,
Lebt er doch immer, der Mensch, und wird geehrt und geliebt.

Revolutionen

Was das Luthertum war, ist jetzt das Franztum in diesen
Letzten Tagen, es drängt ruhige Bildung zurück.

Parteigeist

Wo Parteien entstehn, hält jeder sich hüben und drüben;
Viele Jahre vergehn, eh sie die Mitte vereint.

Das deutsche Reich

Deutschland? Aber wo liegt es? Ich weiß das Land nicht zu finden;
Wo das gelehrte beginnt, hört das politische auf.

Deutscher Nationalcharakter

Zur *Nation* euch zu bilden, ihr hoffet es, Deutsche, vergebens;
Bildet, ihr könnt es, dafür freier zu Menschen euch aus.

Rhein

Treu, wie dem Schweizer gebührt, bewach ich Germaniens Grenze,
Aber der Gallier hüpft über den duldenden Strom.

Rhein und Mosel

Schon so lang umarm ich die lotharingische Jungfrau,
Aber noch hat kein Sohn unsre Umarmung erfreut!

*Donau in B***

Bacchus, der lustige, führt mich und Komus, der fette, durch reiche
Triften, aber verschämt bleibet die Charis zurück.

*Donau in O***

Mich umwohnet mit glänzendem Aug das Volk der Fajaken;
Immer ist's Sonntag, es dreht immer am Herd sich der Spieß.

Main

Meine Burgen zerfallen zwar, doch getröstet erblick ich
Seit Jahrhunderten noch immer das alte Geschlecht.

Saale

Kurz ist mein Lauf und begrüßt der Fürsten, der Völker so viele,
Aber die Fürsten sind gut, aber die Völker sind frei.

Ilm

Meine Ufer sind arm, doch höret die leisere Welle,
Führt der Strom sie vorbei, manches unsterbliche Lied.

Pleiße

Flach ist mein Ufer und seicht mein Bächlein, es schöpften
zu durstig
Meine Poeten mich, meine Prosaiker aus.

Elbe

All ihr andern, ihr sprecht nur ein Kauderwelsch. Unter
den Flüssen
Deutschlands rede nur ich, und auch in Meißen nur,
Deutsch.

Spree

Sprache gab mir einst Ramler und Stoff mein Cäsar, da
nahm ich
Meinen Mund etwas voll, aber ich schweige seitdem.

Weser

Leider von mir ist gar nichts zu sagen, auch zu dem
kleinsten
Epigramme, bedenkt! geb ich der Muse nicht Stoff.

*Gesundbrunnen zu ****

Seltsames Land! Hier haben die Flüsse Geschmack und
die Quellen;
Bei den Bewohnern allein hab ich noch keinen
verspürt.

*P** bei N****

Ganz hypochondrisch bin ich vor Langerweile geworden,
Und ich fließe nur fort, weil es so hergebracht ist.

*Die **chen Flüsse*

Unsereiner hat's halter gut in **cher Herren
Ländern, ihr Joch ist sanft und ihre Lasten sind leicht.

Salzach

Aus Juvaviens Bergen ström ich, das Erzstift zu salzen,
Lenke dann Bayern zu, wo es an Salze gebricht.

Der anonyme Fluß

Fastenspeisen dem Tisch des frommen Bischofs zu liefern,
Goß der Schöpfer mich aus durch das verhungerte Land.

Les fleuves indiscrets

Jetzt kein Wort mehr, ihr Flüsse! Man sieht's, ihr wißt euch so wenig
Zu bescheiden, als einst Diderots Schätzchen getan.

An den Leser

Lies uns nach Laune, nach Lust, in trüben, in fröhlichen Stunden,
Wie uns der gute Geist, wie uns der böse gezeugt.

Gewissen Lesern

Viele Bücher genießt ihr, die ungesalzen; verzeihet,
Daß dies Büchelchen uns überzusalzen beliebt.

Dialogen aus dem Griechischen

Zur Erbauung andächtiger Seelen hat F*** S***,
Graf und Poet und Christ, diese Gespräche verdeutscht.

Der Ersatz

Als du die griechischen Götter geschmäht, da warf dich Apollo
Von dem Parnasse; dafür gehst du ins Himmelreich ein.

Der moderne Halbgott

Christlicher Herkules, du ersticktest so gerne die Riesen;
Aber die heidnische Brut steht, Herkuliskus, noch fest!

Charis

Ist dies die Frau des Künstlers Vulkan? Sie spricht von dem Handwerk,
Wie es des Roturiers adliger Hälfte geziemt.

Nachbildung der Natur

Was nur *einer* vermag, das sollte nur *einer* uns schildern:
Voß nur den Pfarrer und nur *Iffland* den Förster allein.

Nachäffer

Aber da meinen die Pfuscher, ein jeder Schwarzrock und Grünrock
Sei, auch an und für sich, unsrer Beschauung schon wert.

Klingklang

In der Dichtkunst hat er mit Worten herzlos geklingelt,
In der Philosophie treibt er es pfäffisch so fort.

An gewisse Umschöpfer

Nichts soll werden das Etwas, daß Nichts sich zu etwas gestalte?
Laß das Etwas nur sein! nie wird zu Etwas das Nichts.

Aufmunterung

Deutschland fragt nach Gedichten nicht viel; ihr kleinen Gesellen,
Lärmt, bis jeglicher sich wundernd ans Fenster begibt.

Das Brüderpaar

Als Zentauren gingen sie einst durch poetische Wälder,
Aber das wilde Geschlecht hat sich geschwinde bekehrt.

*K***

Höre den Tadler! Du kannst, was er noch vermißt, dir erwerben;
Jenes, was nie sich erwirbt, freue dich! gab dir Natur.

An die Moralisten

Richtet den herrschenden Stab auf Leben und Handeln, und lasset
Amorn, dem lieblichen Gott, doch mit der Muse das Spiel!

Der Leviathan und die Epigramme

Fürchterlich bist du im Kampf, nur brauchst du etwas viel Wasser;
Aber versuch es einmal, Fisch, in den Lüften mit uns!

Luise, von Voß

Wahrlich, es füllt mit Wonne das Herz, dem Gesange zu horchen,
Ahmt ein Sänger, wie der, Töne des Altertums nach.

Jupiters Kette

Hängen auch alle Schmierer und Reimer sich an dich, sie ziehen
Dich nicht hinunter; doch du ziehst sie auch schwerlich hinauf.

Aus einer der neuesten Episteln

Klopstock, der ist mein Mann, der in neue Phrasen gestoßen,
Was er im höllischen Pfuhl Hohes und Großes vernahm.

*B**s Taschenbuch*

Eine Kollektion von Gedichten? Eine Kollekte
Nenn es, der Armut zulieb und bei der Armut gemacht.

Ein deutsches Meisterstück

Alles an diesem Gedicht ist vollkommen, Sprache, Gedanke,
Rhythmus; das einzige nur fehlt noch: es ist kein Gedicht.

Unschuldige Schwachheit

»Unsre Gedichte nur trifft dein Spott?« O schätzet euch glücklich,
Daß das Schlimmste an euch eure Erdichtungen sind.

Das Neueste aus Rom

Raum und Zeit hat man wirklich *gemalt*; es steht zu erwarten,
Daß man mit ähnlichem Glück nächstens die Tugend uns *tanzt*.

Deutsches Lustspiel

Toren hätten wir wohl, wir hätten Fratzen die Menge;
Leider helfen sie nur selbst zur Komödie nichts.

Das Märchen

Mehr als zwanzig Personen sind in dem Märchen geschäftig.
»Nun, und was machen sie denn alle?« Das Märchen, mein Freund.

Frivole Neugier

Das verlohnte sich auch, den delphischen Gott zu bemühen,
Daß er dir sage, mein Freund, wer der Armenier war.

Beispielsammlung

Nicht bloß Beispielsammlung, nein, selber ein warnendes Beispiel,
Wie man nimmermehr soll sammeln für guten Geschmack.

Mit Erlaubnis

Nimm's nicht übel, daß nun auch deiner gedacht wird! Verlangst du
Das Vergnügen umsonst, daß man den Nachbar vexiert?

Der Sprachforscher

Anatomieren magst du die Sprache, doch nur ihr Kadaver;
Geist und Leben entschlüpft flüchtig dem groben Skalpell.

Geschichte eines dicken Mannes
Man sehe die Rezension davon in der N. deutschen Bibliothek

Dieses Werk ist durchaus nicht in Gesellschaft zu lesen,
Da es, wie Rezensent rühmet, die Blähungen treibt.

Anekdoten von Friedrich II.

Von dem unsterblichen Friedrich, dem Einzigen, handelt in diesen
Blättern der zehenmalzehntausendste sterbliche Fritz.

Literaturbriefe

Auch Nicolai schrieb an dem trefflichen Werk? Ich will's glauben;
Mancher Gemeinplatz auch steht in dem trefflichen Werk.

Gewisse Melodien

Dies ist Musik fürs Denken! Solang man sie hört, bleibt man eiskalt;
Vier, fünf Stunden darauf macht sie erst rechten Effekt.

Überschriften dazu

Frostig und herzlos ist der Gesang, doch Sänger und Spieler
Werden oben am Rand höflich zu fühlen ersucht.

Der böse Geselle

Dichter, bitte die Musen, vor ihm dein Lied zu bewahren;
Auch dein leichtestes zieht nieder der schwere Gesang.

Karl von Karlsberg

Was der berühmte Verfasser des »Menschlichen Elends« verdiene?
Sich in der Charité gratis verköstigt zu sehn.

Schriften für Damen und Kinder

»Bibliothek für das andre Geschlecht, nebst Fabeln für Kinder.«
Also für Kinder nicht, nicht für das andre Geschlecht.

Dieselbe

Immer für Weiber und Kinder! Ich dächte, man schriebe für Männer
Und überließe dem Mann Sorge für Frau und für Kind!

Gesellschaft von Sprachfreunden

O wie schätz ich euch hoch! Ihr bürstet sorglich die Kleider
Unsrer Autoren, und wem fliegt nicht ein Federchen an?

Der Purist

Sinnreich bist du, die Sprache von fremden Wörtern zu säubern;
Nun, so sage doch, Freund, wie man *Pedant* uns verdeutscht.

Vernünftige Betrachtung

Warum plagen wir einer den andern? Das Leben zerrinnet,
Und es versammelt uns nur einmal wie heute die Zeit.

*An***

Gerne plagt ich auch dich, doch es will mir mit dir nicht gelingen:
Du bist zum Ernst mir zu leicht, bist für den Scherz mir zu plump.

*An****

Nein! Du erbittest mich nicht. Du hörtest dich gerne verspottet,
Hörtest du dich nur genannt; darum verschon ich dich, Freund.

Garve

Hör ich über Geduld dich, edler Leidender, reden,
O wie wird mir das Volk frömmelnder Schwätzer verhaßt.

Auf gewisse Anfragen

Ob dich der Genius ruft? Ob du dem rufenden folgest?
Ja wenn du mich fragst – nein! Folge dem rufenden nicht.

Stoßgebet

Vor dem Aristokraten in Lumpen bewahrt mich, ihr Götter,
Und vor dem Sanscülott auch mit Epauletten und Stern.

Distinktionszeichen

»Unbedeutend sind doch auch manche von euren Gedichtchen!«
Freilich, zu jeglicher Schrift braucht man auch Komma und Punkt.

Die Adressen

Alles ist nicht für alle, das wissen wir selber; doch nichts ist
Ohne Bestimmung, es nimmt jeder sich selbst sein Paket.

Schöpfung durch Feuer

Arme basaltische Säulen! Ihr solltet dem Feuer gehören,
Und doch sah euch kein Mensch je aus dem Feuer entstehn.

Mineralogischer Patriotismus

Jedermann schürfte bei sich auch nach Basalten und Lava,
Denn es klinget nicht schlecht: hier ist vulkanisch Gebirg!

Kurze Freude

Endlich zog man sie wieder ins alte Wasser herunter,
Und es löscht sich nun bald dieser entzündete Streit.

Triumph der Schule

Welch erhabner Gedanke! Uns lehrt der unsterbliche Meister,
Künstlich zu teilen den Strahl, den wir nur einfach gekannt.

Die Möglichkeit

Liegt der Irrtum nur erst wie ein Grundstein unten im Boden,
Immer baut man darauf, nimmermehr kommt er an Tag.

Wiederholung

Hundertmal werd ich's euch sagen und tausendmal: Irrtum ist Irrtum!
Ob ihn der größte Mann, ob ihn der kleinste beging.

Wer glaubt's?

»Newton hat sich geirrt?« Ja, doppelt und dreifach!
»Und wie denn?«
Lange steht es gedruckt, aber es liest es kein Mensch.

Der Welt Lauf

Drucken fördert euch nicht, es unterdrückt euch die Schule;
Aber nicht immer, und dann geben sie schweigend sich drein.

Hoffnung

Allen habt ihr die Ehre genommen, die gegen euch zeugten;
Aber dem Märtyrer kehrt späte sie doppelt zurück.

Exempel

Schon *ein* Irrlicht sah ich verschwinden, dich, Phlogiston! Balde,
O newtonisch Gespenst! folgst du dem Brüderchen nach.

Der letzte Märtyrer

Auch mich bratet ihr noch als Hus vielleicht, aber wahrhaftig!
Lange bleibet der Schwan, der es vollendet, nicht aus.

Menschlichkeiten

Leidlich hat Newton gesehen und falsch geschlossen; am Ende
Blieb er, ein Brite, verstockt, schloß er, bewies er so fort.

Und abermals Menschlichkeiten

Seine Schüler hörten nun auf, zu sehn und zu schließen,
Referierten getrost, was er auch sah und bewies.

Der Widerstand

Aristokratisch gesinnt ist mancher Gelehrte: denn gleich ist's,
Ob man auf Helm und Schild oder auf Meinungen ruht.

Neueste Farbentheorie von Wünsch

Gelbrot und Grün macht das Gelbe, Grün und Violblau das Blaue!
So wird aus Gurkensalat wirklich der Essig erzeugt.

Das Mittel

»Warum sagst du uns das in Versen?« Die Verse sind wirksam;
Spricht man in Prosa zu euch, stopft ihr die Ohren euch zu.

Moralische Zwecke der Poesie

»Bessern, bessern soll uns der Dichter!« So darf denn auf eurem
Rücken des Büttels Stock nicht einen Augenblick ruhn?

Sektionswut

Lebend noch exenterieren sie euch, und seid ihr gestorben,
Passet im Nekrolog noch ein Prosektor euch auf.

Kritische Studien

Schneidet, schneidet, ihr Herrn, durch Schneiden lernet der Schüler;
Aber wehe dem Frosch, der euch den Schenkel muß leihn!

Der astronomische Himmel

So erhaben, so groß ist, so weit entlegen der Himmel!
Aber der Kleinigkeitsgeist fand auch bis dahin den Weg.

Naturforscher und Transzendentalphilosophen

Feindschaft sei zwischen euch, noch kommt das Bündnis zu frühe;
Wenn ihr im Suchen euch trennt, wird erst die Wahrheit erkannt.

An die voreiligen Verbindungsstifter

Jeder wandle für sich und wisse nichts von dem andern;
Wandeln nur beide gerad, finden sich beide gewiß.

Der treue Spiegel

Reiner Bach, du entstellst nicht den Kiesel, du bringst ihn dem Auge
Näher; so seh ich die Welt, ***, wenn du sie beschreibst.

Nicolai

Nicolai reiset noch immer, noch lang wird er reisen,
Aber ins Land der Vernunft findet er nimmer den Weg.

Der Wichtige

Seine Meinung sagt er von seinem Jahrhundert, er sagt sie,
Nochmals sagt er sie laut, hat sie gesagt und geht ab.

Der Plan des Werks

Meine Reis' ist ein Faden, an dem ich drei Lustra die Deutschen
Nützlich führe, so wie formlos die Form mir's gebeut.

Formalphilosophie

Allen Formen macht er den Krieg; er weiß wohl, zeitlebens
Hat er mit Müh und Not Stoff nur zusammengeschleppt.

Der Todfeind

Willst du alles vertilgen, was deiner Natur nicht gemäß ist,
Nicolai, zuerst schwöre dem Schönen den Tod!

Philosophische Querköpfe

»Querkopf!« schreiet ergrimmt in unsere Wälder Herr Nickel;
»Leerkopf!« schallt es darauf lustig zum Walde heraus.

Empirischer Querkopf

Armer empirischer Teufel! Du kennst nicht einmal das Dumme
In dir selber: es ist, ach! a priori so dumm.

Der Quellenforscher

Nicolai entdeckt die Quellen der Donau! Welch Wunder!
Sieht er gewöhnlich doch sich nach der Quelle nicht um.

Derselbe

Nichts kann er leiden, was groß ist und mächtig; drum, herrliche Donau,
Spürt dir der Häscher so lang nach, bis er seicht dich ertappt.

N. Reisen, XI. Band, S. 177

A propos Tübingen! Dort sind Mädchen, die tragen die Zöpfe
Lang geflochten; auch dort gibt man die »Horen« heraus.

Der Glückliche

Sehen möcht ich dich, Nickel, wenn du ein Späßchen erhaschest
Und, von dem Fund entzückt, drauf dich im Spiegel besiehst.

Verkehrte Wirkung

Rührt sonst einen der Schlag, so stockt die Zunge gewöhnlich;
Dieser, so lange gelähmt, schwatzt nur geläufiger fort.

Pfahl im Fleisch

Nenne Lessing nur nicht! der Gute hat vieles gelitten,
Und in des Märtyrers Kranz warst du ein schrecklicher Dorn.

Die Horen an Nicolai

Unsere Reihen störtest du gern, doch werden wir wandeln;
Und du tappe denn auch, plumper Geselle! so fort.

Fichte und Er

Freilich tauchet der Mann kühn in die Tiefe des Meeres,
Wenn du auf leichtem Kahn schwankest und Heringe fängst.

Briefe über ästhetische Bildung

Dunkel sind sie zuweilen, vielleicht mit Unrecht, o Nickel!
Aber die Deutlichkeit ist wahrlich nicht Tugend an dir.

Modephilosophie

Lächerlichster, du nennst das Mode, wenn immer von neuem
Sich der menschliche Geist ernstlich nach Bildung bestrebt.

Das grobe Organ

Was du mit Händen nicht greifst, das scheint dir Blinden ein Unding.
Und betastest du was, gleich ist das Ding auch beschmutzt.

Der Lastträger

Weil du vieles geschleppt und schleppst und schleppen wirst, meinst du,
Was sich selber bewegt, könne vor dir nicht bestehn.

Die Weidtasche

Reget sich was, gleich schießt der Jäger; ihm scheinet die Schöpfung,
Wie lebendig sie ist, nur für den Schnappsack gemacht.

Das Unentbehrliche

Könnte Menschenverstand doch ohne Vernunft nur bestehen,
Nickel hätte fürwahr menschlichsten Menschenverstand.

Die Xenien

Was uns ärgert – du gibst mit langen, entsetzlichen Noten
Uns auch wieder heraus unter der Reiserubrik.

Lucri bonus odor

Gröblich haben wir dich behandelt; das brauche zum Vorteil,
Und im zwölften Band schilt uns – da gibt es ein Blatt.

Vorsatz

Den Philister verdrieße, den Schwärmer necke, den Heuchler
Quäle der fröhliche Vers, der nur das Gute verehrt.

Nur Zeitschriften

»Frankreich« faßt er mit einer, das arme *»Deutschland«* gewaltig
Mit der andern, doch sind beide papieren und leicht!

Das Motto

Wahrheit sag ich euch, Wahrheit und immer Wahrheit – versteht sich:
Meine Wahrheit; denn sonst ist mir auch keine bekannt.

Der Wächter Zions

Meine Wahrheit bestehet im Bellen, besonders wenn irgend
Wohlgekleidet ein Mann sich auf der Straße mir zeigt.

Verschiedene Dressuren

Aristokratische Hunde, sie knurren auf Bettler; ein echter
Demokratischer Spitz klafft nach dem seidenen Strumpf.

Böse Gesellschaft

Aristokraten mögen noch gehn, ihr Stolz ist doch höflich;
Aber du, löbliches Volk, bist so voll Hochmut und grob.

An die Obern

Immer bellt man auf euch! Bleibt sitzen! Es wünschen die
Beller
Jene Plätze, wo man ruhig das Bellen vernimmt.

Baalspfaffen

Heilige Freiheit! Erhabener Trieb der Menschen zum
Bessern!
Wahrlich, du konntest dich nicht schlechter mit
Priestern versehn!

Verfehlter Beruf

Schreckensmänner wären sie gerne, doch lacht man in
Deutschland
Ihres Grimmes, der nur mäßige Schriften zerfleischt.

An mehr als einen

Erst habt ihr die Großen beschmaust, nun wollt ihr sie
stürzen;
Hat man Schmarotzer doch nie dankbar dem Wirte
gesehn.

Das Requisit

Lange werden wir euch noch ärgern und werden euch
sagen:
Rote Kappen, euch fehlt nur noch das Glöckchen zum
Putz.

Verdienst

Hast du auch wenig genug verdient um die Bildung der Deutschen,
Fritz Nicolai, sehr viel hast du dabei doch verdient.

Umwälzung

Nein, das ist doch zu arg! Da läuft auch selbst noch der Kantor
Von der Orgel, und ach! pfuscht auf den Klaven des Staats.

Der Halbvogel

Fliegen möchte der Strauß, allein er rudert vergeblich,
Ungeschickt rühret der Fuß immer den leidigen Sand.

Der letzte Versuch

Vieles hast du geschrieben, der Deutsche wollt es nicht lesen;
Gehn die Journale nicht ab, dann ist auch alles vorbei.

Kunstgriff

Schreib die Journale nur anonym, so kannst du mit vollen
Backen deine Musik loben, es merkt es kein Mensch.

Dem Großsprecher

Öfters nahmst du das Maul schon so voll und konntest nicht wirken;
Auch jetzt wirkest du nichts, nimmm nur das Maul nicht so voll.

Mottos

Setze nur immer Mottos auf deine Journale, sie zeigen,
Alle die Tugenden an, die man an dir nicht bemerkt.

Sein Handgriff

Auszuziehen versteh ich und zu beschmutzen die Schriften,
Dadurch mach ich sie mein, und ihr bezahlet sie mir.

Die Mitarbeiter

Wie sie die Glieder verrenken, die Armen! Aber nach dieser
Pfeife zu tanzen, es ist auch, beim Apollo! kein Spaß.

Unmögliche Vergeltung

Deine Kollegen verschreist und plünderst du! Dich zu verschreien
Ist nicht nötig, und nichts ist auch zu plündern an dir.

Das züchtige Herz

Gern erlassen wir *dir* die moralische Delikatesse,
Wenn du die Zehen Gebot' nur so notdürftig befolgst.

Abscheu

Heuchler, ferne von mir! Besonders du widriger Heuchler,
Der du mit Grobheit glaubst Falschheit zu decken und List.

Der Hausierer

Ja das fehlte nur noch zu der Entwicklung der Sache,
Daß als *Krämer* sich nun *Cr**er* nach Frankreich begibt!

Deutschlands Revanche an Frankreich

Manchen Lakai schon verkauftet ihr uns als Mann von Bedeutung;
Gut, wir spedieren euch hier Cr**** als Mann von Verdienst.

Der Patriot

Daß Verfassung sich überall bilde! Wie sehr ist's zu wünschen;
Aber ihr Schwätzer verhelft uns zu Verfassungen nicht!

Die drei Stände

Sagt, wo steht in Deutschland der Sanscülott? In der Mitte;
Unten und oben besitzt jeglicher, was ihm behagt.

Die Hauptsache

Jedem Besitzer das Seine, und jedem Regierer den Rechtsinn!
Das ist zu wünschen; doch ihr, beides verschafft ihr uns nicht.

Anacharsis der Zweite

Anacharsis dem Ersten nahmt ihr den Kopf weg, der Zweite
Wandert nun ohne Kopf klüglich, Pariser, zu euch.

Historische Quellen

Augen leiht dir der Blinde zu dem, was in Frankreich geschiehet,
Ohren der Taube: du bist, Deutschland, vortrefflich bedient.

Der Almanach als Bienenkorb

Lieblichen Honig geb er dem Freund; doch nahet sich täppisch
Der Philister, ums Ohr saus ihm der stechende Schwarm!

Etymologie

Ominos ist dein Nam, er spricht dein ganzes Verdienst aus:
Gerne verschafftest du, ging' es, dem Pöbel den Sieg.

Ausnahme

»Warum tadelst du manchen nicht öffentlich?« Weil der
ein Freund ist.
Wie mein eigenes Herz tadl' ich im stillen den Freund.

Die Insekten

»Warum schiltst du die einen so hundertfach?« Weil das
Geschmeiße,
Rührt sich der Wedel nicht stets, immer dich leckt und
dich sticht.

Einladung

»Glaubst du denn nicht, man könnte die schwache Seite
dir zeigen?«
Tu es mit Laune, mit Geist, Freund, und wir lachen
zuerst.

Warnung

Unsrer liegen noch tausend im Hinterhalt; daß ihr nicht
etwa,
Rückt ihr zu hitzig heran, Schultern und Rücken
entblößt.

An die Philister

Freut euch des Schmetterlings nicht: der Bösewicht zeugt
euch die Raupe,
Die euch den herrlichen Kohl fast aus der Schüssel
verzehrt.

Hausrecht

Keinem Gärtner verdenk ich's, daß er die Sperlinge scheuchet;
Doch nur Gärtner ist er, jene gebar die Natur.

Currus virum miratur inanes

Wie sie knallen, die Peitschen! Hilf Himmel! Journale! Kalender!
Wagen an Wagen! Wie viel Staub und wie wenig Gepäck!

Kalender der Musen und Grazien

Musen und Grazien! oft habt ihr euch schrecklich verirret,
Doch dem Pfarrer noch nie selbst die Perücke gebracht.

Taschenbuch

Viele Läden und Häuser sind offen in südlichen Ländern,
Und man sieht das Gewerb, aber die Armut zugleich.

Vossens Almanach

Immer zu, du redlicher Voß! Beim neuen Kalender
Nenne der Deutsche dich doch, der dich im Jahre vergißt.

Schillers Almanach von 1796

Du erhebest uns erst zu Idealen und stürzest
Gleich zur Natur uns zurück; glaubst du, wir danken dir das?

Das Paket

Mit der Eule gesiegelt? Da kann Minerva nicht weit sein!
Ich erbreche, da fällt »Von und für Deutschland« heraus.

Das Journal Deutschland

Alles beginnt der Deutsche mit Feierlichkeit, und so zieht auch
Diesem deutschen Journal blasend ein Spielmann voran.

Reichsanzeiger

Edles Organ, durch welches das Deutsche Reich mit sich selbst spricht!
Geistreich, wie es hineinschallet, so schallt es heraus.

A. d. Ph.

Woche für Woche zieht der Bettelkarren durch Deutschland,
Den auf schmutzigem Bock Jakob, der Kutscher, regiert.

A. D. B.

Zehnmal gelesne Gedanken auf zehnmal bedrucktem Papiere,
Auf zerriebenem Blei stumpfer und bleierner Witz.

A. d. Z.

Auf dem Umschlag sieht man die Charitinnen; doch leider
Kehrt uns Aglaia den Teil, den ich nicht nennen darf, zu.

Deutsche Monatschrift

Deutsch in Künsten gewöhnlich heißt mittelmäßig! und bist du,
Deutscher Monat, vielleicht auch so ein deutsches Produkt?

G. d. Z.

Dich, o Dämon! erwart ich und deine herrschenden Launen,
Aber im härenen Sack schleppt sich ein Kobold dahin.

Urania

Deinen heiligen Namen kann nichts entehren, und wenn ihn
Auf sein Sudelgefäß Ewald, der frömmelnde, schreibt.

Merkur

Wieland zeigt sich nur selten, doch sucht man gern die Gesellschaft,
Wo sich Wieland auch nur selten, der Seltene, zeigt.

Horen. Erster Jahrgang

Einige wandeln zu ernst, die andern schreiten verwegen,
Wenige gehen den Schritt, wie ihn das Publikum hält.

Minerva

Trocken bist du und ernst, doch immer die würdige Göttin,
Und so leihest du auch gerne den Namen dem Heft.

Journal des Luxus und der Moden

Du bestrafest die Mode, bestrafest den Luxus, und beide
Weißt du zu fördern; du bist ewig des Beifalls gewiß.

Dieser Musenalmanach

Nun erwartet denn auch für seine herzlichen Gaben,
Liebe Kollegen, von euch unser Kalender den Dank.

Der Wolfische Homer

Sieben Städte zankten sich drum, ihn geboren zu haben;
Nun, da der Wolf ihn zerriß, nehme sich jede ihr Stück.

*M****

Weil du doch alles beschriebst, so beschreib uns zu gutem Beschlusse
Auch die Maschine noch, Freund, die dich so fertig bedient.

Herr Leonhard **

Deinen Namen les ich auf zwanzig Schriften, und dennoch
Ist es dein Name nur, Freund, den man in allen vermißt.

Pantheon der Deutschen I. Band

Deutschlands größte Männer und kleinste sind hier versammelt:
Jene gaben den Stoff, diese die Worte des Buchs.

Borussias

Sieben Jahre nur währte der Krieg, von welchem du singest?
Sieben Jahrhunderte, Freund, währt mir dein Heldengedicht.

Guter Rat

Accipe facundi Culicem, studiose, Maronis,
Ne, nugis positis, arma virumque canas.

Reineke Fuchs

Vor Jahrhunderten hätte ein Dichter dieses gesungen?
Wie ist das möglich? Der Stoff ist ja von gestern und heut.

Menschenhaß und Reue

Menschenhaß? Nein, davon verspürt ich beim heutigen Stücke
Keine Regung; jedoch Reue, die hab ich gefühlt.

Schinks Faust

Faust hat sich leider schon oft in Deutschland dem Teufel ergeben,
Doch so prosaisch noch nie schloß er den schrecklichen Bund.

*An Madame B** und ihre Schwestern*

Jetzt noch bist du Sibylle, bald wirst du Parze; doch, fürcht ich,
Hört ihr alle zuletzt gräßlich als Furien auf.

Almansaris und Amanda

Warum verzeiht mir Amanda den Scherz, und Almansaris tobet?
Jene ist tugendhaft, Freund, diese beweiset, sie sei's.

*B***

Wäre Natur und Genie von allen Menschen verehret,
Sag, was bliebe, Phantast, denn für ein Publikum dir?

Erholungen. Zweites Stück

Daß ihr seht, wie genau wir den Titel des Buches erfüllen.
Wird zur Erholung hiemit euch die Vernichtung gereicht.

Moderezension

Preise dem Kinde die Puppen, wofür es begierig die Groschen
Hinwirft, so bist du fürwahr Krämern und Kindern ein Gott.

Dem Zudringlichen

Ein vor allemal willst du ein ewiges Leben mir schaffen?
Mach im zeitlichen doch mir nicht die Weile so lang.

Höchster Zweck der Kunst

Schade fürs schöne Talent des herrlichen Künstlers! O hätt er
Aus dem Marmorblock doch ein Kruzifix uns gemacht!

Zum Geburtstag

Möge dein Lebensfaden sich spinnen wie in der Prosa
Dein Periode, bei dem leider die Lachesis schläft.

Unter vier Augen

Viele rühmen, sie habe Verstand; ich glaub's: für den einen,
Den sie jedesmal liebt, hat sie auch wirklich Verstand.

Scharade

Nichts als dein Erstes fehlt dir, so wäre dein Zweites genießbar;
Aber dein Ganzes, mein Freund, ist ohne Salz und Geschmack.

Frage in den Reichsanzeiger, Wilhelm Meister betreffend

Zu was Ende die welschen Namen für deutsche Personen?
Raubt es nicht allen Genuß an dem vortrefflichen Werk?

Göschen an die deutschen Dichter

Ist nur erst Wieland heraus, so kommt's an euch übrigen alle,
Und nach der Lokation! Habt nur einstweilen Geduld!

*Verleger von P** Schriften*

Eine Maschine besitz ich, die selber denkt, was sie drucket;
Obengenanntes Werk zeig ich zur Probe hier vor.

Josephs II. Diktum an die Buchhändler

Einem Käsehandel verglich er eure Geschäfte?
Wahrlich, der Kaiser, man sieht's, war auf dem Leipziger Markt.

Preisfrage der Akademie nützlicher Wissenschaften

Wie auf dem u fortan der teure Schnörkel zu sparen?
Auf die Antwort sind dreißig Dukaten gesetzt.

G. G.

Jeder, siehst du ihn einzeln, ist leidlich klug und verständig,
Sind sie in corpore, gleich wird dir ein Dummkopf daraus.

Hörsäle auf gewissen Universitäten

Prinzen und Grafen sind hier von den übrigen Hörern gesondert;
Wohl! Denn trennte der Stand nirgends, er trennte doch hier!

Der Virtuose

Eine hohe Noblesse bedien ich heut mit der Flöte,
Die, wie ganz Wien mir bezeugt, völlig wie Geige sich hört.

Sachen, so gesucht werden

Einen Bedienten wünscht man zu haben, der leserlich schreibet
Und orthographisch, jedoch nichts in Bell-Lettres getan.

Französische Lustspiele von Dyk

Wir versichern auf Ehre, daß wir einst witzig gewesen,
Sind wir auch hier, wir gestehn's, herzlich geschmacklos und fad.

Buchhändler-Anzeige

Nichts ist der Menschheit so wichtig, als ihre Bestimmung zu kennen;
Um zwölf Groschen Kurant wird sie bei mir jetzt verkauft.

Auktion

Da die Metaphysik vor kurzem unbeerbt abging,
Werden die *Dinge an sich* morgen sub hasta verkauft.

Gottesurteil

Zwischen einem Göttinger und Berliner

Öffnet die Schranken! Bringet zwei Särge! Trompeter, geblasen!
Almanachsritter, heraus gegen den Ritter vom Sporn!

Sachen, so gestohlen worden

Immanuel Kant spricht

Zwanzig Begriffe wurden mir neulich diebisch entwendet;
Leicht sind sie kenntlich, es steht sauber mein I. K. darauf.

Antwort auf obigen Avis

Wenn nicht alles mich trügt, so hab ich besagte Begriffe
In Herrn Jakobs zu Hall' Schriften vor kurzem gesehn.

Schauspielerin

Furiose Geliebten sind meine Forcen im Schauspiel,
Und in der Comédie glänz ich als Branntweinfrau.

Professor Historiarum

Breiter wird immer die Welt, und immer mehr Neues geschiehet;
Ach! die Geschichte wird stets länger, und kürzer das Brot!

Rezension

Sehet, wie artig der Frosch nicht hüpft! Doch find ich die hintern
Füße um vieles zu lang, so wie die vordern zu kurz.

Literarischer Adreßkalender

Jeder treibe sein Handwerk, doch immer steh es geschrieben:
Dies ist das Handwerk, und der treibet das Handwerk geschickt.

Neuste Kritikproben

Nicht viel fehlt dir, ein Meister nach meinen Begriffen zu heißen,
Nehm ich das Einzige aus, daß du verrückt phantasierst.

Eine zweite

Lieblich und zart sind deine Gefühle, gebildet dein Ausdruck,
Eins nur tadl' ich: du bist frostig von Herzen und matt.

Eine dritte

Du nur bist mir der würdige Dichter! Es kommt dir auf eine
Platitude nicht an, nur um natürlich zu sein.

Schillers Würde der Frauen

Vorn herein liest sich das Lied nicht zum besten; ich les es von hinten,
Strophe für Strophe, und so nimmt es ganz artig sich aus.

Pegasus, von eben demselben

Meine zarte Natur schockiert das grelle Gemälde;
Aber von Langbein gemalt, mag ich den Teufel recht gern.

Das ungleiche Verhältnis

Unsre Poeten sind seicht; doch das Unglück ließ' sich vertuschen,
Hätten die Kritiker nicht, ach! so entsetzlich viel Geist.

Neugier

Etwas wünscht ich zu sehn: ich wünschte einmal von den Freunden,
Die das Schwache so schnell finden, das Gute zu sehn!

Jeremiaden aus dem Reichsanzeiger

Alles in Deutschland hat sich in Prosa und Versen verschlimmert,
Ach! und hinter uns liegt weit schon die goldene Zeit!

Böse Zeiten

Philosophen verderben die Sprache, Poeten die Logik,
Und mit dem Menschenverstand kommt man durchs Leben nicht mehr.

Skandal

Aus der Ästhetik, wohin sie gehört, verjagt man die
Tugend,
Jagt sie, den lästigen Gast, in die Politik hinein.

Das Publikum im Gedränge

Wohin wenden wir uns? Sind wir natürlich, so sind wir
Platt, und genieren wir uns, nennt man es abge-
schmackt gar.

Das goldne Alter

Schöne Naivetät der Stubenmädchen zu Leipzig,
Komm doch wieder, o komm, witzige Einfalt, zurück!

Komödie

Komm, Komödie, wieder, du ehrbare Wochenvisite,
Siegmund, du süßer Amant, Maskarill, spaßhafter
Knecht!

Alte deutsche Tragödie

Trauerspiele voll Salz, voll epigrammatischer Nadeln,
Und du Menuettschritt unsers geborgten Kothurns!

Roman

Philosoph'scher Roman, du Gliedermann, der so geduldig
Still hält, wenn die Natur gegen den Schneider sich
wehrt.

Deutliche Prosa

Alte Prosa, komm wieder, die alles so ehrlich heraussagt,
Was sie denkt und gedacht, auch was der Leser sich denkt.

Chorus

Alles in Deutschland hat sich in Prosa und Versen verschlimmert,
Ach! und hinter uns liegt weit schon die goldene Zeit!

Gelehrte Zeitungen

Wie die Nummern des Lotto, so zieht man hier die Autoren,
Wie sie kommen, nur daß niemand dabei was gewinnt.

Die zwei Fieber

Kaum hat das kalte Fieber der Gallomanie uns verlassen,
Bricht in der Gräcomanie gar noch ein hitziges aus.

Griechheit

Griechheit, was war sie? Verstand und Maß und Klarheit! Drum dächt ich,
Etwas Geduld noch, ihr Herrn, eh ihr von Griechheit uns sprecht.

Warnung

Eine würdige Sache verfechtet ihr; nur mit Verstande,
Bitt ich! daß sie zum Spott und zum Gelächter nicht wird!

Übertreibung und Einseitigkeit

Daß der Deutsche doch alles zu einem Äußersten treibet,
Für Natur und Vernunft selbst, für die nüchterne, schwärmt!

Neueste Behauptung

Völlig charakterlos ist die Poesie der Modernen,
Denn sie verstehen bloß, charakteristisch zu sein.

Griechische und moderne Tragödie

Unsre Tragödie spricht zum Verstand, drum zerreißt sie das Herz so;
Jene setzt in Affekt, darum beruhigt sie so!

Entgegengesetzte Wirkung

Wir Modernen, wir gehn erschüttert, gerührt aus dem Schauspiel;
Mit erleichterter Brust hüpfte der Grieche heraus.

Die höchste Harmonie

Oedipus reißt die Augen sich aus, Jokasta erhenkt sich,
Beide schuldlos; das Stück hat sich harmonisch gelöst.

Aufgelöstes Rätsel

Endlich ist es heraus, warum uns Hamlet so anzieht:
Weil er, merket das wohl, ganz zur Verzweiflung uns bringt.

Gefährliche Nachfolge

Freunde, bedenket euch wohl, die tiefere, kühnere Wahrheit
Laut zu sagen, sogleich stellt man sie euch auf den Kopf.

Geschwindschreiber

Was sie gestern gelernt, das wollen sie heute schon lehren,
Ach! was haben die Herrn doch für ein kurzes Gedärm!

Die Sonntagskinder

Jahrelang bildet der Meister und kann sich nimmer genugtun,
Dem genialen Geschlecht wird es im Traume beschert!

Xenien

Muse, wo führst du uns hin? Was, gar zu den Manen hinunter?
Hast du vergessen, daß wir nur Monodistichen sind?

Muse

Desto besser! Geflügelt wie ihr, dünnleibig und luftig,
Seele mehr als Gebein, wischt ihr als Schatten hindurch.

Acheronta movebo

Hölle, jetzt nimm dich in acht, es kommt ein Reisebeschreiber,
Und die Publizität deckt auch den Acheron auf.

Sterilemque tibi, Proserpina, vaccam

Hekate! Keusche! Dir schlacht ich »Die Kunst zu lieben« von Manso;
Jungfer noch ist sie, sie hat nie was von Liebe gewußt.

Elpenor

Muß ich dich hier schon treffen, Elpenor? Du bist mir gewaltig
Vorgelaufen! Und wie? Gar mit gebrochnem Genick?

Unglückliche Eilfertigkeit

Ach, wie sie »Freiheit« schrien und »Gleichheit«, geschwind wollt ich folgen,
Und weil die Trepp mir zu lang deuchte, so sprang ich vom Dach.

Achilles

Vormals im Leben ehrten wir dich wie einen der Götter;
Nun du tot bist, so herrscht über die Geister dein Geist.

Trost

Laß dich den Tod nicht reuen, Achill! Es lebet dein Name
In der Bibliothek schöner Szientien hoch.

Seine Antwort

Lieber möcht ich fürwahr dem Ärmsten als Ackerknecht dienen,
Als des Gänsegeschlechts Führer sein, wie du erzählst.

Frage

Du verkündige mir von meinen jungen Nepoten,
Ob in der Literatur beide noch walten und wie?

Antwort

Freilich walten sie noch und bedrängen hart die Trojaner,
Schießen manchmal auch wohl blind in das Blaue hinein.

Frage

Melde mir auch, ob du Kunde vom alten Peleus vernahmest,
Ob er noch weit geehrt in den Kalendern sich liest.

Antwort

Ach! ihm mangelt leider die spannende Kraft und die Schnelle,
Die einst des G*** herrliche Saiten belebt.

Ajax

Ajax, Telamons Sohn! So mußtest du selbst nach dem Tode
Noch forttragen den Groll wegen der Rezension?

Tantalus

Jahrelang steh ich so hier, zur Hippokrene gebücket,
Lechzend vor Durst; doch der Quell, ich will ihn kosten, zerrinnt.

Phlegyasque miserrimus omnes admonet

O ich Tor! Ich rasender Tor! Und rasend ein jeder,
Der, auf des Weibes Rat horchend, den Freiheitsbaum pflanzt!

Die dreifarbige Kokarde

Wer ist der Wütende da, der durch die Hölle so brüllet
Und mit grimmiger Faust sich die Kokarde zerzaust?

Agamemnon

Bürger Odysseus! Wohl dir! Bescheiden ist deine Gemahlin,
Strickt dir die Strümpfe und steckt keine drei Farben dir an!

Porphyrogeneta, den Kopf unter dem Arme

Köpfe schaffet euch an, ihr Liebden! Tut es beizeiten!
Wer *nicht* hat, er verliert auch, was er *hat*, noch dazu!

Sisyphus

Auch noch hier nicht zur Ruh, du Unglücksel'ger! Noch immer
Rollst du bergauf wie einst, da du regiertest, den Stein!

Sulzer

Hüben über den Urnen! Wie anders ist's, als wir dachten!
Mein aufrichtiges Herz hat mir Vergebung erlangt.

Haller

Ach! Wie schrumpfen allhier die dicken Bände zusammen,
Einige werden belohnt, aber die meisten verziehn.

Moses Mendelssohn

Ja! Du siehst mich unsterblich! – »Das hast du uns ja in dem ›Phädon‹
Längst bewiesen.« – Mein Freund, freue dich, daß du es siehst.

Der junge Werther

»Worauf lauerst du hier?« – Ich erwarte den dummen Gesellen,
Der sich so abgeschmackt über mein Leiden gefreut.

*L****

»Edler Schatten, du zürnst?« – Ja, über den lieblosen Bruder,
Der mein modernd Gebein lässet im Frieden nicht ruhn.

Dioskuren

Einen wenigstens hofft ich von euch hier unten zu finden;
Aber beide seid ihr sterblich, drum lebt ihr zugleich.

Unvermutete Zusammenkunft

Sage, Freund, wie find ich denn dich in des Todes Behausung,
Ließ ich doch frisch und gesund dich in Berlin noch zurück?

Der Leichnam

Ach, das ist nur mein Leib, der in Almanachen noch umgeht;
Aber es schiffte schon längst über den Lethe der Geist.

Peregrinus Proteus

Siehest du Wieland, so sag ihm: ich lasse mich schönstens bedanken,
Aber er tat mir zuviel Ehr an, ich war doch ein Lump.

Lucian von Samosata

Nun, Freund, bist du versöhnt mit den Philosophen? Du hast sie
Oben im Leben, das weiß Jupiter! tüchtig geneckt.

Geständnis

Rede leiser, mein Freund! Zwar hab ich die Narren gezüchtigt,
Aber mit vielem Geschwätz oft auch die Klugen geplagt.

Alcibiades

Kommst du aus Deutschland? Sieh mich doch an, ob ich wirklich ein solcher
Hasenfuß bin, als bei euch man in Gemälden mich zeigt.

Martial

Xenien nennet ihr euch? Ihr gebt euch für Küchenpräsente?
Ißt man denn, mit Vergunst, spanischen Pfeffer bei euch?

Xenien

Nicht doch! Aber es schwächten die vielen wäßrichten Speisen
So den Magen, daß jetzt Pfeffer und Wermut nur hilft.

Rhapsoden

Wer von euch ist der Sänger der Ilias? Weil's ihm so gut schmeckt,
Ist hier von Heynen ein Pack Göttinger Würste für ihn.

Viele Stimmen

Mir her, ich sang der Könige Zwist! Ich die Schlacht bei den Schiffen!
Mir die Würste! ich sang, was auf dem Ida geschah!

Rechnungsfehler

Friede! zerreißt mich nur nicht! Die Würste werden nicht reichen;
Der sie schickte, er hat sich nur auf *einen* versehn.

Einer aus dem Chor, fängt an zu rezitieren

»Wahrlich, nichts Lustigers weiß ich, als wenn die Tische recht voll sind
Von Gebacknem und Fleisch, und wenn der Schenke nicht säumt.«

Vorschlag zur Güte

Teilt euch wie Brüder! Es sind der Würste gerade zwei Dutzend,
Und wer Astyanax sang, nehme noch diese von mir.

Philosophen

Gut, daß ich euch, ihr Herren, in pleno beisammen hier finde;
Denn das *eine*, was not, treibt mich herunter zu euch.

Aristoteles

Gleich zur Sache, mein Freund. Wir halten die Jenaer Zeitung
Hier in der Hölle und sind längst schon von allem belehrt.

Dringend

Desto besser! So gebt mir, ich geh euch nicht eher vom Leibe,
Einen allgültigen Satz, und der auch allgemein gilt.

Einer aus dem Haufen

Cogito ergo sum. Ich denke und mithin so bin ich;
Ist das eine nur wahr, ist es das andre gewiß.

Ich

Denk ich, so bin ich! Wohl! Doch wer wird immer auch denken?
Oft schon war ich, und hab wirklich an gar nichts gedacht!

Ein zweiter

Weil es Dinge doch gibt, so gibt es ein Ding aller Dinge;
In dem Ding aller Ding' schwimmen wir, wie wir so sind.

Ein dritter

Just das Gegenteil sprech ich. Es gibt kein Ding als mich selber!
Alles andre, in mir steigt es als Blase nur auf.

Ein vierter

Zweierlei Dinge laß ich passieren, die Welt und die Seele;
Keins weiß vom andern, und doch deuten sie beide auf *eins*.

Ein fünfter

Von dem Ding weiß ich nichts, und weiß auch nichts von der Seele;
Beide erscheinen mir nur, aber sie sind doch kein Schein.

Ein sechster

Ich bin ich, und setze mich selbst; und setz ich mich selber
Als nicht gesetzt, nun gut! setz ich ein Nicht-Ich dazu.

Ein siebenter

Vorstellung wenigstens ist; ein Vorgestelltes ist also,
Ein Vorstellendes auch; macht, mit der Vorstellung, drei!

Ich

Damit lock ich, ihr Herrn, noch keinen Hund aus dem Ofen;
Einen erklecklichen Satz will ich, und der auch was setzt.

Ein achter

Auf theoretischem Feld ist weiter nichts mehr zu finden,
Aber der praktische Satz gilt doch: Du kannst, denn du sollst!

Ich

Dacht ich's doch! Wissen sie nichts Vernünftiges mehr zu erwidern,
Schieben sie's einem geschwind in das Gewissen hinein.

David Hume

Rede nicht mit dem Volk, der Kant hat sie alle verwirret;
Mich frag, ich bin mir selbst auch in der Hölle noch gleich.

Rechtsfrage

Jahrelang schon bedien ich mich meiner Nase zum Riechen;
Hab ich denn wirklich an sie auch ein erweisliches Recht?

Pufendorf

Ein bedenklicher Fall! Doch die *erste* Possession scheint
Für dich zu sprechen, und so brauche sie immerhin fort.

Gewissensskrupel

Gerne dien ich den Freunden, doch tu ich es leider mit Neigung,
Und so wurmt es mir oft, daß ich nicht tugendhaft bin.

Decisum

Da ist kein anderer Rat, du mußt suchen, sie zu verachten,
Und mit Abscheu alsdann tun, wie die Pflicht dir gebeut.

Herkules

Endlich erblickt ich auch den gewaltigen Herkules! Seine
Übersetzung! Er selbst leider war nicht mehr zu sehn.

Herakliden

Ringsum schrie, wie Vögelgeschrei, das Geschrei der Tragöden
Und das Hundegebell der Dramaturgen um ihn.

Pure Manier

Schauerlich stand das Ungetüm da. Gespannt war der Bogen,
Und der Pfeil auf der Senn traf noch beständig das Herz.

Er

Welche noch kühnere Tat, Unglücklicher, wagest du jetzo,
Zu den Verstorbenen selbst niederzusteigen, ins Grab!

Ich

Wegen Tiresias mußt ich herab, den Seher zu fragen,
Wo ich den guten Geschmack fände, der nicht mehr zu sehn.

Er

Glauben sie nicht der Natur und den alten Griechen, so holst du
Eine Dramaturgie ihnen vergeblich herauf.

Ich

O die Natur, die zeigt auf unsern Bühnen sich wieder,
Splitternackend, daß man jegliche Rippe ihr zählt.

Er

Wie? So ist wirklich bei euch der alte Kothurnus zu sehen,
Den zu holen ich selbst stieg in des Tartarus Nacht?

Ich

Nichts mehr von diesem tragischen Spuk. Kaum einmal im Jahre
Geht dein geharnischter Geist über die Bretter hinweg.

Er

Auch gut! Philosophie hat eure Gefühle geläutert,
Und vor dem heitern Humor fliehet der schwarze Affekt.

Ich

Ja, ein derber und trockener Spaß, nichts geht uns darüber,
Aber der Jammer auch, wenn er nur naß ist, gefällt.

Er

Also sieht man bei euch den leichten Tanz der Thalia
Neben dem ernsten Gang, welchen Melpomene geht?

Ich

Keines von beiden! Uns kann nur das Christlich-Moralische rühren,
Und was recht populär, häuslich und bürgerlich ist.

Er

Was? Es dürfte kein Cäsar auf euren Bühnen sich zeigen,
Kein Anton, kein Orest, keine Andromacha mehr?

Ich

Nichts! Man siehet bei uns nur Pfarrer, Kommerzienräte,
Fähndriche, Secretairs oder Husarenmajors.

Er

Aber ich bitte dich, Freund, was kann denn dieser Misere
Großes begegnen, was kann Großes denn durch sie geschehn?

Ich

Was? Sie machen Kabale, sie leihen auf Pfänder, sie stecken
Silberne Löffel ein, wagen den Pranger und mehr.

Er

Woher nehmt ihr denn aber das große gigantische Schicksal,
Welches den Menschen erhebt, wenn es den Menschen zermalmt?

Ich

Das sind Grillen! Uns selbst und unsre guten Bekannten,
Unsern Jammer und Not suchen und finden wir hier.

Er

Aber das habt ihr ja alles bequemer und besser zu Hause;
Warum entfliehet ihr euch, wenn ihr euch selber nur sucht?

Ich

Nimm's nicht übel, mein Heros. Das ist ein verschiedener Kasus:
Das Geschick, das ist blind, und der Poet ist gerecht.

Er

Also *eure* Natur, die erbärmliche, trifft man auf euren
Bühnen, die große nur nicht, nicht die unendliche an?

Ich

Der Poet ist der Wirt und der letzte Aktus die Zeche,
Wenn sich das Laster erbricht, setzt sich die Tugend zu Tisch.

Muse zu den Xenien

Aber jetzt rat ich euch, geht, sonst kommt noch gar der Gorgona
Fratze oder ein Band Oden von Haschka hervor.

An die Freier

Alles war nur ein Spiel! Ihr Freier lebt ja noch alle,
Hier ist der Bogen, und hier ist zu den Ringen der Platz.

ANMERKUNGEN

von Regine Otto

Der Beginn des Briefwechsels zwischen Schiller und Goethe dokumentiert zugleich den Beginn der Zusammenarbeit beider Dichter: Goethe nahm Schillers Einladung zur Mitarbeit an den »Horen« an. Die Monatsschrift, deren erstes Stück im Januar 1795 erschien, verband Goethe und Schiller noch in besonderer Weise, da die Mehrheit des zeitgenössischen Publikums und der Kritik sich *gegen* den hohen geistigen und ästhetischen Anspruch des Programms dieser Zeitschrift aussprach. Die Kritiker beider Dichter gingen wohl von verschiedenen Standpunkten aus, hatten aber zweierlei gemeinsam: die eigene Talentlosigkeit und den Neid auf die berühmten Kollegen. Sie vereinigten sich nun in den Angriffen auf die »Horen«. Dieser breiten Front standen Schiller und Goethe fast isoliert gegenüber; die wenigen Gleichgesinnten ergriffen kaum öffentlich Partei. Aus dieser Konstellation erwuchs der Plan einer geharnischten Abrechnung. Nach einer vorausdeutenden Bemerkung im Brief vom 3. Mai 1795 stellte Goethe dem Freund am 28. Oktober 1795, wenige Tage nach dem Erscheinen des zehnten Stücks der »Horen« und neuer hämischer Angriffe, die Frage: »Sollten Sie sich nicht nunmehr überall umsehn? und sammeln, was gegen die ›Horen‹ im allgemeinen und besondern gesagt ist, und hielten am Schluß des Jahrs darüber ein kurzes Gericht ... Wenn man dergleichen Dinge in Bündlein bindet, brennen sie besser.« Mit dieser Anregung war der »Xenien«-Plan geboren und sogleich ein Leitmotiv gegeben. Schiller ging am 1. November 1795 vorerst zurückhaltend auf die Anregung ein: »Es läßt sich wohl noch davon reden, ob man überall nur auf diese Platituden antworten soll. Ich möchte noch lieber etwas ausdenken, wie man seine Gleichgültigkeit dagegen recht anschaulich zu erkennen geben kann.« Bald wünschte jedoch auch er, daß »der Krieg« recht bald eröffnet werde (an Goethe am 23. November 1795). Goethes nächste Erwähnung des Plans am 23. Dezember 1795 kennzeichnete bereits den Charakter und den damit aufs engste verbundenen Titel des Werks: »Den Einfall, auf alle Zeitschriften Epigramme, jedes in einem einzigen Disticho, zu machen, wie die ›Xenia‹ des Martials sind, der mir dieser Tage gekommen ist, müssen wir kultivieren und eine solche Sammlung in Ihren Musenalmanach des nächsten Jahres bringen. Wir müssen nur viele machen und die besten aussuchen. Hier ein Paar zur Probe.« Xenien nannten die Griechen freundliche kleine Geschenke, die der Gastgeber seinen Gästen nach der Mahlzeit überreichen ließ. Der römische Dichter Martial, der Meister des antiken Epigramms, nannte seine Sammlung von Begleitversen für derartige Geschenke »Xenia« (»Epigramme«, 13. Buch). Auf diese Distichen bezog sich Goethes Brief. Das Wort gewann jedoch eine völlig neue Bedeutung, als Schiller und Goethe es zum Kampfruf ihres literarischen Feldzugs machten.

Bereits drei Tage nach der eben zitierten Fixierung des Plans schrieb Goethe an Schiller: »Mit hundert Xenien, wie hier ein Dutzend beiliegen, könnte man sich sowohl dem Publiko als seinen Kollegen aufs angenehmste empfehlen.« Und im gleichen Briefe kam ein Thema zur Sprache, das in den »Xenien« unmittelbar dichterischen Ausdruck fand: »Daß man uns in unsern Arbeiten verwechselt [die »Horen«-Beiträge erschienen anonym], ist mir sehr angenehm; es zeigt, daß wir immer mehr die Manier los werden und ins allgemeine Gute übergehen. Und dann ist zu bedenken, daß wir eine schöne Breite einnehmen können, wenn wir mit *einer* Hand zusammenhalten und mit der andern so weit ausreichen, als die Natur uns erlaubt hat.« Der Briefwechsel zwischen Schiller und Goethe kommentiert von nun an bis zum August des folgenden Jahres sehr vielfältig die verschiedenen Phasen des Plans und seiner Verwirklichung; die Korrespondenz wurde nur dann unterbrochen, wenn Goethe in Jena weilte. Nur die allernächsten Freunde wurden vorsichtig ins Vertrauen gezogen. Goethe hatte mit Heinrich Meyer schon früher eine ähnliche Abrechnung bedacht. Körner, den Schiller brieflich eingeweiht hatte (vgl. die Briefe vom 18. Januar und 1. Februar 1796), bekam bei seinem Besuch in Jena im Mai 1796 einen Vorgeschmack der zu erwartenden »Gastgeschenke«. Am 1. Februar 1796 schrieb Schiller an Wilhelm von Humboldt: »Die ›Xenien‹, von denen ich Ihnen einmal schrieb, haben sich nunmehr zu einem wirklich interessanten Produkt, das in seiner Art einzig werden dürfte, erweitert. Goethe und ich werden uns darin absichtlich so ineinander verschränken, daß uns niemand ganz auseinanderscheiden und absondern soll. Bei einem solchen gemeinschaftlichen Werk ist natürlicherweise keine strenge Form möglich; alles, was sich erreichen läßt, ist eine gewisse Allheit oder lieber Unermeßlichkeit, und diese soll das Werk auch an sich tragen. Eine angenehme und zum Teil genialische Impudenz und Gottlosigkeit, eine nichts verschonende Satire, in welcher jedoch ein lebhaftes Streben nach einem festen Punkt zu erkennen sein wird, wird der Charakter davon sein. *Unter* 600 Monodistichen tun wir es nicht, aber womöglich steigen wir auf die runde Zahl 1000. Von der Möglichkeit werden Sie sich überzeugen, wenn ich Ihnen sage, daß wir jetzt schon in dem dritten Hundert sind, obgleich die Idee nicht viel über einen Monat alt ist.« Das umfangreiche Projekt war schon in Goethes Brief an Schiller vom 21. November 1795 in seinen Umrissen erkennbar: »Es ist sehr leicht, die unsinnige Unbilligkeit dieses bornierten Volks anschaulich zu machen, man hat dabei das vernünftige Publikum auf seiner Seite, und es gibt eine Art Kriegserklärung gegen die Halbheit, die wir nun in allen Fächern beunruhigen müssen. Durch die geheime Fehde des Verschweigens, Verruckens und Verdruckens, die sie gegen uns führt, hat sie lange verdient, daß ihrer nun auch in Ehren, und zwar in der Kontinuation gedacht werde.« In gleichem Sinne ging Schillers Musterung der Hauptfeinde im Brief vom 29. Dezember 1795 weit über den Bereich der »Horen«-Kritiker, die den Anstoß zu dem Unternehmen gegeben hatten, hinaus und zielte auf eine umfassende satirische Entlarvung des zeitgenössischen Literaturbetriebs: »Der Gedanke mit den Xenien ist prächtig und muß ausgeführt werden. Die Sie mir heute schickten, haben mich sehr ergötzt ... Ich denke aber, wenn wir das Hundert voll machen wollen, werden wir auch über *einzelne* Werke herfallen müssen, und welcher reichliche Stoff findet sich da! Sobald wir uns nur selbst nicht ganz schonen, können wir Heiliges und Profanes angreifen. Welchen Stoff bietet uns nicht die Stolbergische Sippschaft, Racknitz, Ramdohr, die metaphysische Welt mit ihren Ichs und Nicht-Ichs, Freund Nicolai, unser geschworener Feind, die Leipziger Geschmacksherberge, Thümmel, Göschen als sein Stallmeister und dergleichen dar! ... Auf Ihre baldige Hieherkunft freue ich mich nicht wenig. Wir wollen wieder einmal alles recht durcheinanderbewegen ... Und dann soll es heißen: Nulla dies sine epigrammate [Kein Tag ohne Epigramm].« Goethe antwortete am folgenden Tage: »Ich freue mich sehr, daß die Xenien bei Ihnen Eingang und Beifall gefunden haben, und ich bin völlig der Meinung, daß wir weiter um uns greifen müssen ... wir müssen diese Kleinigkeiten nur ins Gelag hineinschreiben und zuletzt sorgfältig auswählen. Über uns selbst dürfen wir nur das, was die albernen Pursche sagen, in Verse bringen, und so verstecken wir uns noch gar hinter die Form der Ironie.« Bei einem längeren Aufenthalt Goethes in Jena im Januar 1796 wurde die Forderung Schillers verwirklicht. Die Sammlung wuchs rasch, in Abständen von wenigen Tagen sandten sich die Freunde immer neue »Pfähle ins Fleisch unserer Kollegen« (Schiller an Goethe am 27. Januar 1796).

Der zitierte Brief an Wilhelm von Humboldt zeigt die Freunde bereits bei der Arbeit am dritten Hundert. Abschriften, Sichtung und Korrektur gingen stets nebenher. Trotz intensiver Arbeit beider Dichter an ihren derzeitigen »Hauptgeschäften« – den »Lehrjahren«, verschiedenen größeren Gedichten, den Vorarbeiten zum »Wallenstein« und zur »Italienischen Reise« u. a. – und mannigfacher häuslicher Sorgen Schillers ging die Xenien-Produktion schnell voran. Eine nochmalige Erweiterung des Planes kündigte sich an. Am 4. Februar 1796 schrieb Goethe an Schiller: »Die erste Abschrift der Xenien ist endlich fertig geworden, und ich schicke sie sogleich ... Sie sehen zusammen schon ganz lustig aus, nur wird es ganz gut sein, wenn wieder einmal eine poetische Ader durch die Sammlung durchfließt; meine letzten sind, wie Sie finden werden, ganz prosaisch, welches, da ihnen keine Anschauung zum Grunde liegt, bei meiner Art wohl nicht anders sein kann.« Und Schiller antwortete sogleich: »Die Sammlung wächst uns unter den Händen, daß es eine Lust ist. Es hat mich gefreut, auch mehrere politische unter den neuen anzutreffen; denn da wir doch zuverlässig an den unsichern Orten konfisziert werden, so sähe ich nicht, warum wir es nicht auch von dieser Seite verdienen sollten.« Im Zusammenhang mit dieser ständigen Erweiterung trat vorübergehend eine neue Absicht in den Vordergrund. Vermutlich während Goethes Besuch in Jena im März 1796 wurde beschlossen, die »Xenien« nicht im »Musenalmanach«, sondern als selbständiges, großzügig ausgestattetes Buch erscheinen zu lassen. Erst bei Cottas Besuch in Jena im Mai 1796 scheint diese Absicht aufgegeben worden zu sein. In rascher Folge entstanden neue Xenien. Am 10. Juni 1796 sandte Goethe dreißig soeben entstandene Epigramme an Schiller mit der Bemerkung: »... leider ist auch hier der Haß doppelt so stark als die Liebe ... Überhaupt wird mich beim Durchgehen ... im allgemeinen der Gedanke leiten, daß wir bei aller Bitterkeit uns vor kriminellen Inkulpationen hüten.« Schiller erwiderte am folgenden Tage: »Ich bin auch sehr dafür, daß wir nichts Kriminelles berühren und überhaupt das Gebiet des frohen Humors sowenig als möglich verlassen. Sind doch die Musen keine Scharfrichter! Aber schenken wollen wir den Herren auch nichts.« Die Komposition der umfangreichen Sammlung trat nun in den Mittelpunkt. Schiller nahm die Hauptlast der Gliederung und der Redaktion auf sich. Am 18. Juni 1796 schrieb er an Goethe: »Zur Verknüpfung der verschiedenartigen Materien sind noch manche neue nötig, wobei ich auf Ihren guten Genius meine Hoffnung setze . . . Gar zu gern hätte ich die lieblichen und gefälligen Xenien an das Ende gesetzt, denn auf den Sturm muß die Klarheit folgen.« Ein erster Abschluß schien erreicht, als Schiller dem Freund am 27. Juni 1796 eine Gesamtabschrift von insgesamt 676 Stücken schickte. Er schrieb dazu: »Streichen Sie nun ohne Schonung alles, was Ihnen aus irgendeiner Rücksicht anstößig ist, weg. Unser Vorrat leidet eine strenge Wahl.« Gleichzeitig erbat Schiller ergänzende Überschriften und einige Epigramme über antike und neuere italienische Kunstwerke, um »die Zahl der poetischen und gefälligen Xenien zu vermehren«. Doch schon am nächsten Tage, an dem »der Rest der Xenien« nach Weimar ging, klagte Schiller: ». . . alle meine Versuche, die verschiedenen Gruppen zusammenzubringen, sind mir mißglückt. Vielleicht helfen Sie mir aus der Not.« Am 9. Juli 1796 sandte Goethe das inzwischen von seinem Schreiber Geist kopierte Schillersche Manuskript nach Jena zurück mit der bedauernden Bemerkung: »Die Xenien erhalten Sie mit meinem Gutachten zurück; die ernsthaften und wohlmeinenden sind gegenwärtig so mächtig, daß man denen Lumpenhunden, die angegriffen sind, mißgönnt, daß ihrer in so guter Gesellschaft erwähnt wird.« Schiller hatte ähnliche Bedenken. Mitte Juli 1796 verbrachte Goethe wieder einige Tage in Jena. Dort beschlossen beide Dichter, zu dem ursprünglich geplanten Strafgericht zurückzukehren. Dieser Entschluß wurde dadurch unterstützt, daß die Drucklegung des Almanachs bereits begonnen hatte, die Zeit also drängte. Schiller sandte das nochmals redigierte Manuskript am 28. Juli 1796 mit folgenden lakonischen Hinweisen nach Weimar: »Hier die Xenien, welche mir bald möglichst zurückzusenden bitte. Was ausgestrichen ist, bleibt teils weg, teils ist es schon gedruckt oder für den Druck herausgeschrieben. Änderungen in dem Ausgestrichenen sind also entweder unnötig oder auch schon zu spät. Die Namen unter den einzelnen Versen bedeuten nichts, und es ist auch nicht dabei geblieben.« Goethe war betroffen; am 30. Juli schrieb er: »Die Xenien kommen sogleich wieder zurück, ich habe nur wenige Anmerkungen gemacht . . . Überhaupt will ich Ihnen nicht leugnen, daß es mir einen Augenblick recht wehe getan hat, unser schönes Karten- und Luftgebäude, mit den Augen des Leibes, so zerstört, zerrissen, zerstrichen und zerstreut zu sehen. Die Idee war zu schön, zu eigen und einzig, als daß ich mich nicht, besonders da sich bei mir eine Idee, ein Wunsch leicht fixiert, darüber betrüben sollte, für immer darauf renunziieren zu müssen. Doch mag es denn auch an dem Spaße genug sein, den uns der Gedanke indessen gemacht hat, es mag genug sein, daß nun soviel Stoff da ist, der zu einem andern Körper nun wieder verarbeitet werden kann. Die Zusammenstellung in Ihrem Almanach wird mich schon wieder trösten, nur bitte ich, meinen Namen sowenig als möglich unter die Gedichte zu setzen . . . Noch eins, ich wünschte, daß alles wegbliebe, was in unserm Kreise und unsern Verhältnissen unangenehm wirken könnte; in der ersten Form forderte, trug, entschuldigte eins das andere, jetzt wird jedes Gedicht nur aus freiem Vorsatz und Willen eingeschaltet und wirkt auch nur einzeln für sich.« Schiller verteidigte seine Redaktion am folgenden Tage: »Sie können sich von den Xenien nicht [so] ungern trennen als ich selbst. Außer der Neuheit und interessanten Eigentümlichkeit der Idee ist der Gedanke, ein gewisses Ganzes in Gemeinschaft mit Ihnen auszuführen, so reizend für mich gewesen. Aber seien Sie versichert, daß ich die Idee nicht meiner Konvenienz aufgeopfert habe. Zu einem Ganzen, so wie es auch von dem liberalsten Leser gefodert werden konnte, fehlte noch unübersehlich viel; eine mühsame Redaktion hat mich mit diesem Mangel gar sehr bekannt gemacht. Selbst wenn wir die zwei letzten Monate ausschließend dazu hätten widmen können, würde weder der satirische noch der andere Teil die nötige Vollständigkeit erlangt haben. Das ganze Werk ein Jahr länger liegenzulassen erlaubte weder das Bedürfnis des Almanachs, noch wäre es [wegen] der vielen Anspielungen auf das Neueste in der Literatur, welches nach einem Jahre sein Interesse verliert, zu wagen gewesen: und was dieser Rücksichten mehr sind, die ich Ihnen mündlich anführen will. Übrigens ist uns diese Idee und Form noch gar nicht verloren, denn es ist noch so erstaunlich viel Stoff zurück, daß dasjenige, was wir aus dem Alten noch etwa dazu nehmen, darin verschwinden wird. – Ihren Namen nenne ich sparsam.« Am 1. August 1796 schließlich faßte Schiller Ausgangspunkt und Ergebnis endgültig zusammen: »Nach langem Hin- und Herüberschwanken kommt jedes Ding doch endlich in seine ordentliche waagrechte Lage. Die erste Idee der Xenien war eigentlich eine fröhliche Posse, ein Schabernack, auf den Moment berechnet, und war auch so ganz recht. Nachher regte sich ein gewisser Überfluß, und der Trieb zersprengte das Gefäß. Nun habe ich aber, nach nochmaligem Beschlafen der Sache, die natürlichste Auskunft von der Welt gefunden, Ihre Wünsche und die Konvenienz des Almanachs zugleich zu befriedigen. – Was eigentlich den Anspruch auf eine gewisse Universalität erregte und mich bei der Redaktion in die große Verlegenheit brachte, waren die philosophischen und rein poetischen, kurz die unschuldigen Xenien; also eben die, welche in der ersten Idee auch nicht gewesen waren. Wenn wir diese in dem vordern und gesetzten Teile des Almanachs unter den andern Gedichten bringen, die lustigen hingegen unter dem Namen ›Xenien‹ und als ein eigenes Ganze, wie voriges Jahr die Epigramme, dem ersten Teile anschließen, so ist geholfen. Auf *einem* Haufen beisammen und mit keinen ernsthaften untermischt, verlieren sie sehr vieles von ihrer Bitterkeit, der allgemein herrschende Humor entschuldigt jedes einzelne, so wie Sie neulich schon bemerkten, und zugleich stellen sie wirklich ein gewisses Ganzes vor ... Und so wären also die ›Xenien‹ (wenn sie meinen Gedanken gutheißen, wie ich denke) zu ihrer ersten Natur zurückgekehrt, und wir hätten doch auch zugleich nicht Ursache, die Abweichung von jener zu bereuen, weil sie uns manches Gute und Schöne hat finden lassen. – Und da nach dem neuen Plane diejenigen politischen Xenien von Ihnen, welche bloß Lehren enthalten und gar niemand treffen, von den satirischen ganz getrennt sind, so habe ich unter jene Ihren Namen gesetzt. Er gehört davor, weil sich diese Konfessionen an die Epigramme vom vorigen Jahr und selbst an den ›Meister‹ anschließen und, in Form und Inhalt, unverkennbar Ihren Stempel tragen.« Erst jetzt also wurde die Sonderung der Xenien vorgenommen und ihre Verwendung bestimmt. Auch die lockere Fabel von der Reise der Xenien zur Leipziger Messe, ihren Besuchen an den deutschen Flüssen und in der Unterwelt, scheint erst in diesem Stadium die Anordnung beeinflußt zu haben. Dieser letzten Entscheidung Schillers stimmte Goethe am 2. August 1796 zu: »Ich hoffe Sie bald zu besuchen, und es freut mich, daß Sie sich einen Weg ausgedacht haben, wie wir den Spaß mit den ›Xenien‹ nicht verlieren. Ich glaube, es ist der ganz richtige ... Wer weiß, was uns einfällt, um übers Jahr wieder auf eine ähnliche Weise zu interessieren.«

Die letzten Korrekturen an Manuskript und Druckfahnen nahmen beide Dichter gemeinsam vor. Goethe war vom 18. August bis zum 5. Oktober 1796 in Jena. In den letzten Septembertagen 1796 erschien Schillers »Musenalmanach für das Jahr 1797«. Den Schluß des Almanachs bildeten die »Xenien« (insgesamt 414 Stücke, darunter eine Doublette), die ohne Angabe der Verfassernamen erschienen.

Der »Xenien«-Almanach wurde vom Publikum mit ungewöhnlichem Interesse aufgenommen. Man begann zu rätseln, worauf sich die einzelnen Anspielungen bezögen und welche Distichen von Goethe oder von Schiller stammten. Bereits 1797 gab Daniel Jenisch eine Auswahl aus den »Xenien« unter dem Titel »Literarische Spießruten oder Die hochadligen und berüchtigten Xenien« mit kommentierenden Fußnoten heraus, die dieses Rätseln teils durch richtige, teils durch falsche Vermutungen und Deutungen unterstützten. Daß die Verspottung eines einzelnen in den »Xenien« meistens eine ganze Gruppe literarischer Spießbürger, Dilettanten, Vielschreiber, Frömmler, Moralisten usw. traf, für die der einzelne nur als typischer Vertreter erschien, wurde bei diesen Versuchen völlig übersehen. Die unmittelbar Betroffenen und ihre Anhänger antworteten mit zahlreichen Kritiken und »Anti-Xenien«. Zu diesen Erwiderungen gehörten u. a. Gleims »Kraft und Schnelle des alten Peleus« (vgl. die Kantate »Deutscher Parnaß«, die »Trogalien [Nachspeise] zur Verdauung der Xenien« von Fürchtegott Christian Fulda und die »Gegengeschenke an die Sudelköche in Jena und Weimar von einigen dankbaren Gästen« von Johann Gottfried Dyk und Johann Kaspar Friedrich Manso. Der buchhändlerische Erfolg des »Xenien«-Almanachs entsprach der außergewöhnlichen Wirkung. Bereits im November 1796 erschien eine zweite, im Januar/Februar 1797 folgte eine dritte Auflage des Almanachs. Freunde und Feinde erwarteten nun eine Fortsetzung des Kampfes. Goethe beabsichtigte auch längere Zeit, diese Erwartung zu erfüllen. Cotta wäre ebenfalls nicht abgeneigt gewesen, das florierende »Xenien«-Geschäft fortzusetzen. Noch am 7. Dezember 1796 schrieb Goethe an Schiller: »Ich hoffe, daß die Xenien auf eine ganze Weile wirken und den bösen Geist gegen uns in Tätigkeit erhalten sollen, wir wollen indessen unsere positiven Arbeiten fortsetzen und ihm die Qual der Negation überlassen. Nicht eher, als bis sie wieder ganz ruhig sind und sicher zu sein glauben, müssen wir, wenn der Humor frisch bleibt, sie noch einmal recht aus dem Fundament ärgern.« Schiller dagegen wollte nur Cotta veranlassen, »alles, was gegen die ›Xenien‹ geschrieben worden, auf Zeitungspapier gesammelt drucken zu lassen, daß es in der Geschichte des deutschen Geschmacks ad acta kann gelegt werden« (an

Goethe am 12. Dezember 1796). Schließlich verzichteten beide Dichter auf die Fortsetzung des »Xenien«-Kampfes von ihrer Seite. Das Prinzip ihrer »Erwiderung« hatte Goethe schon am 15. November 1796 im Brief an Schiller ausgesprochen: »Das Angenehmste, was Sie mir aber melden können, ist Ihre Beharrlichkeit an ›Wallenstein‹ und Ihr Glaube an die Möglichkeit einer Vollendung; denn nach dem tollen Wagestück mit dem ›Xenien‹ müssen wir uns bloß großer und würdiger Kunstwerke befleißigen und unsere proteische Natur, zu Beschämung aller Gegner, in die Gestalten des Edlen und Guten umwandeln.«

Die »Xenien« sind nach Konzeption und Ausführung das gemeinsame Werk beider Dichter. Goethe charakterisierte diese Gemeinsamkeit noch in späten Jahren: »Freunde wie Schiller und ich, jahrelang verbunden, mit gleichen Interessen, in täglicher Berührung und gegenseitigem Austausch, lebten sich ineinander so sehr hinein, daß überhaupt bei einzelnen Gedanken gar nicht die Rede und Frage sein konnte, ob sie dem einen gehörten oder dem andern. Wir haben viele Distichen gemeinschaftlich gemacht, oft hatte ich den Gedanken und Schiller machte die Verse, oft war das Umgekehrte der Fall, und oft machte Schiller den einen Vers und ich den andern. Wie kann nun da von Mein und Dein die Rede sein! Man müßte wirklich selbst noch tief in der Philisterei stecken, wenn man auf die Entscheidung solcher Zweifel nur die mindeste Wichtigkeit legen wollte« (zu Eckermann am 16. Dezember 1828). Selbst die einzelnen Epigramme wurden also gemeinsam verfaßt. Die vielfachen Korrekturen und die mehrmals ausgewechselten Überschriften machten die Verquickung noch undurchdringlicher. Schiller hatte die Unteilbarkeit des Werks schon in zwei Briefen vom 1. Februar 1796 ausdrücklich hervorgehoben. An Körner schrieb er: »Wir haben beschlossen, unsere Eigentumsrechte an die einzelnen Teile niemals auseinanderzusetzen (welches auch bei der Mutwilligkeit der Satire nicht wohl anzuraten wäre), und sammeln wir unsere

Gedichte, so läßt ein jeder diese Epigrammen ganz abdrucken.« Und in dem bereits zitierten Brief an Wilhelm von Humboldt hieß es: »Bei aller ungeheuren Verschiedenheit zwischen Goethe und mir wird es selbst Ihnen öfters schwer und manchmal gewiß unmöglich sein, unsern Anteil an dem Werke zu sortieren. Denn da das *Ganze* einen laxen Plan hat, das einzelne aber ein Minimum ist, so ist zu wenig Fläche gegeben, um das verschiedene Spiel der beiden Naturen zu zeigen. Es ist auch zwischen Goethe und mir förmlich beschlossen, unsere Eigentumsrechte an die einzelnen Epigrammen niemals auseinanderzusetzen, sondern es in Ewigkeit auf sich beruhen zu lassen, welches uns auch wegen der Freiheit der Satire zuträglich ist. Sammeln wir unsere Gedichte, so läßt jeder diese ›Xenien‹ *ganz* abdrucken. An den ersten Teil ihres Abkommens haben sich beide Dichter gehalten. Selbst Charlotte Schiller blieb in der Frage der »Eigentumsrechte« auf Vermutungen angewiesen. Wilhelm von Humboldt schrieb am 7. November 1796 aus Jena, wohin er inzwischen zurückgekehrt war, an Friedrich August Wolf: »Über die ›Xenien‹ haben wir ziemlich viel miteinander gesprochen. Auf die Sonderung will er sich teils nicht einlassen, teils hat er mich ausdrücklich gebeten, des Spaßes halber, auch das, was ich von ihm erfahren, unter uns zu lassen. Soviel aber, lieber Freund, kann ich Ihnen sagen, daß wir uns mächtiglich geirrt haben, und sogar in dem geirrt, wo wir schlechterdings nicht fehlen zu können glaubten.« Der Beschluß, die »Xenien« geschlossen in die Werke aufzunehmen, wurde jedoch nicht verwirklicht; über die Gründe können lediglich Vermutungen angestellt werden. Schiller nahm insgesamt 81 Stücke, Goethe sogar nur 6 Stücke aus den »Xenien« in die Werkausgaben auf. Trotz der reichen handschriftlichen Überlieferung ist eine bis ins letzte beweiskräftige Sonderung des Anteils beider Dichter an dem gemeinsamen Werk bis heute nicht möglich. Der Versuch solcher Sonderung ist eine Aufgabe spezieller Forschung und trägt mit allen seinen Einzelergebnissen zur Erschließung des Werks bei. Er berechtigt jedoch nicht zur Auflösung des Werks bei seiner textlichen Wiedergabe. Goethes und Schillers ausdrückliche Berufung auf die Unteilbarkeit der »Xenien« verpflichtet in gleichem Maße wie Goethes Verfügungen zur Ausgabe letzter Hand. Daher erscheinen die »Xenien« in unserer Ausgabe als vollständiges Korpus wie in Schillers »Musenalmanach für das Jahr 1797«.

Der »Musenalmanach« enthielt auch einen beträchtlichen Teil der aus dem großen »Xenien«-Manuskript ausgesonderten Epigramme. 103 Stücke hatte Schiller unter dem Titel »Tabulae votivae« vereinigt. Goethe hatte unter den Überschriften »Vielen«, »Einer« und »Die Eisbahn« drei Reihen zusammengestellt, die er später als »Frühling«, »Sommer« und »Winter« unter dem Haupttitel »Vier Jahreszeiten« in seine Werke aufnahm. Nach diesen Veröffentlichungen und verschiedenen Einzeldrucken blieb noch immer ein Rest von 231 lediglich handschriftlich überlieferten Epigrammen, die von der Forschung nach und nach zutage gefördert wurden. Im Jahre 1893 erschien zum ersten Mal das gesamte Korpus: »Xenien 1796«. Nach den Handschriften des Goethe- und Schiller-Archivs herausgegeben von Erich Schmidt und Bernhard Suphan (Schriften der Goethe-Gesellschaft, Bd. 8). Text und Kommentare dieses Bandes sind bis heute die wichtigste Quelle für jede Beschäftigung mit den »Xenien« geblieben. Auch der Text der »Xenien« im ebenfalls 1893 erschienenen Band 5/1 der Weimarer Ausgabe und die dazugehörigen Lesarten (Bd. 5/2, 1910) beruhen auf dieser Publikation. Schmidt und Suphan gaben ihrem Band eine ausführliche Darstellung der Entstehungs- und Wirkungsgeschichte der »Xenien« bei, verzeichneten und beschrieben alle überlieferten Handschriften, kennzeichneten die Druckgeschichte der einzelnen Stücke in einem Register und versuchten eine Bestimmung der Anteile. Auf alle diese Materialien sowie auf die Varianten, die jener Band enthält, kann hier nur summarisch verwiesen werden. Auch die folgenden Erläuterungen geben nur einen knappen Auszug aus dem umfangreichen Kommentar jenes Bandes wieder. Aus der außerordentlichen Fülle der Quellen kann in diesem Falle nur das zum unmittelbaren Verständnis des Textes unbedingt Notwendige mitgeteilt werden.

8 *Triste supercilium ...* – Das Motto der »Xenien« entnahmen Goethe und Schiller den Epigrammen des Martial (Buch XI, 2, Vers 1-4; nach der Übersetzung von R. Helm):

Harter Cato, die Stirne gefurcht und finster die Braue,
Maid des Fabricius du, der an dem Pfluge noch ging,
Prüderie, die du doch nur markiert, du sittliche Richtschnur,
Scheinheiligkeit, die bei Nacht schwindet, nun fort jetzt mit euch!

9 *Der ästhetische Torschreiber* – Bei ihrer Ankunft auf der Leipziger Messe begegnen die Xenien zuerst dem Zensor.

Visitator – Durchsucher, Untersucher; ebenfalls ein Zensor.

Kontrebandes – Schmuggelware.

von französischem Gut – Gemeint ist das Ideengut der Französischen Revolution.

10 *Messieurs* – (franz.) meine Herren.

11 *Desideratum* – (lat.) Das Fehlende, der Mangel.

An einen gewissen moralischen Dichter – Das Xenion stand ursprünglich (in der Handschrift) in einer Folge von Epigrammen, die gegen Klopstock gerichtet waren.

Das Verbindungsmittel – Gegen Johann Kaspar Lavater gerichtet. Die hier verspottete Eitelkeit des Physiognomikers und Theologen war besonders deutlich geworden in seiner Vorrede zu »Pontius Pilatus« und in seiner »Reise nach Kopenhagen im Sommer 1793. Auszug aus dem Tagebuch. Durchaus bloß für Freunde«.

Für Töchter edler Herkunft – Diesen Titel trug ein 1787 erschienener Roman von Johann Timotheus Hermes, in dem die Schicksale verführter »Trauermädchen« zur Warnung vor den Folgen der im gleichen Werk beschriebenen »Wollust« erscheinen.

Der Kunstgriff – Ebenfalls gegen Hermes gerichtet; vgl. die vorige Anm.

12 *Der Teleolog* – Das Xenion spielt auf eine Stelle in Friedrich Leopold Graf zu Stolbergs »Reise in Deutschland, der Schweiz, Italien und Sizilien in den Jahren 1791 und 1792« an, in der vom Korkbaum gesagt wird: »Aus der Rinde des Baumes werden Pfropfen zu Flaschen gemacht ... Dieser Baum kann seine so nützliche, zu unserm Gebrauch von Gott bestimmte Rinde entbehren, da jeder andre Baum stirbt, wenn man ihm die Rinde nimmt.« Diese Stelle ist ein Musterbeispiel für die Teleologie, die von dem metaphysischen Zusammenhang von Ursache und Zweckbestimmung ausgeht. In der Theologie und Philosophie der Aufklärung wurde diese Auffassung häufig vertreten; die Klassiker verspotteten sie oft. Goethe kam im Gespräch mit Eckermann am 11. April 1827 noch einmal auf das Gleichnis vom Korkbaum zurück.

Der Antiquar – In dem soeben zitierten Werk beschrieb Stolberg Plastiken in Rom: »Ein gewisser Charakter von Härte, Mangel der Teilnehmung, trüber Melancholie, welche an Zorn grenzet, bezeichnet die meisten Köpfe der alten Statuen, sowohl der Götter als der Menschen, sowohl des männlichen Geschlechts als des weiblichen ... Es schwebet, selbst auf den Gesichtszügen der ewigen Götterjugend, wie eine schwarze Wolke, der Gedanke des Todes.« Diese christliche Interpretation der antiken Kunstwerke stand in völligem Gegensatz zur Antikerezeption der Klassiker.

Der Kenner – Über die nach Handzeichnungen Raffaels geschaffenen Fayencen in Loreto schrieb Stolberg in der oben zitierten »Reise«: »Auch auf diesen irdenen Geschirren ist Raffaels Geist unverkennbar. Mögen immer des Altertums ausschließende Bewundrer mit Entzücken von griechischen Vasen reden, ich würde eine ganze Sammlung solcher Altertümer, wenn ich sie besäße, gern für *eine* dieser raffaelischen Vasen hingeben.« Goethe, der selbst Majoliken sammelte und sie schätzte, lehnte Stolbergs einseitige, präromantische Bewertung entschieden ab.

Erreurs et verité – Matthias Claudius, der Herausgeber des »Wandsbecker Boten«, hatte das Werk »Des erreurs et de la verité« von L. C. de St. Martin übersetzt; es erschien 1782 unter dem Titel: »Irrtümer und Wahrheit, oder Rückweis für die Menschen auf das allgemeine Prinzipium aller Erkenntnis ... von einem unbekannten Philosophen«. Goethe schrieb nach der Lektüre des Originals am 9. [?] April 1781 an Lavater: »... welche Wahrheit! und welcher Irrtum! Die tiefsten Geheimnisse der wahrsten Menschheit mit Strohseilen des Wahns und der Beschränktheit zusammengehängt.« Claudius beantwortete den Angriff der »Xenien« mit den Versen »Urians Nachricht von der neuen Aufklärung«.

H. S. – Gemeint ist Heinrich Jung-Stilling; Goethe hatte ihn in Straßburg kennengelernt; vgl. »Dichtung und Wahrheit«, 9. und 10. Buch. Jung-Stillings Werke gehörten der sogenannten Empfindsamkeit an, die die deutsche Literatur zu Beginn der zweiten Hälfte des 18. Jahrhunderts stark beeinflußte. Am 21. Januar 1811 schrieb Jung-Stilling an Friedrich Heinrich Baron de la Motte Fouqué: »Über Wieland und Goethe will ich kein Urteil fällen, aber gelobt sei der Herr, daß Er mich nicht ein solches Werkzeug hat werden lassen.«

13 *Der Prophet* – Lavater. Vgl. die dritte Anm. zu S. 11.

Das Amalgama – Vgl. die dritte Anm. zu S. 11. Amalgam: Legierung (Metall und Quecksilber).

Schalksinn – Lavaters »Physiognomische Fragmente zur Beförderung der Menschenkenntnis und Menschenliebe« (Leipzig und Winterthur 1775-1778), an deren Entstehung Goethe Anteil hatte, enthalten verschiedene Bemerkungen über die Schalkheit als menschliche Eigenschaft. Werthers Brief über die üble Laune charakterisiert den Begriff, und noch in den »Guten Weibern« kam Goethe darauf zurück.

Der erhabene Stoff – Das Epigramm richtet sich gegen Klopstock, den Dichter des »Messias«.

Belsazer, ein Drama – Das dreiaktige Drama »Belsazer« (1787) von Christian Graf zu Stolberg handelt tatsächlich vorwiegend von Gelagen. Goethe hatte den Belsazar-Stoff in seiner Jugend ebenfalls dramatisch behandelt.

Gewisse Romanhelden – Das Xenion ist gegen Hermes gerichtet (vgl. die vierte Anm. zu S. 11). Vielleicht ist der Geck Herr Grundleger aus Hermes' »Zween literarischen Märtyrern und deren Frauen« (1782) oder der heiratslustige Prediger in der Geschichte »Für Eltern und Ehelustige« (1789 und 1790).

14 *Pfarrer Cyllenius* – Cyllenius ist ein Beiname des griechischen Gottes Hermes (nach dem griechischen Gebirge Kyllene, auf dem Hermes der Sage nach geboren wurde). Das Epigramm ist wie das vorige auf den Schriftsteller Hermes gemünzt, der seine Romanhelden mit Vorliebe französisch oder lateinisch sprechen ließ.

Jamben – So lautet der Titel einer 1784 in Leipzig erschienenen Gedichtsammlung von Friedrich Leopold Graf zu Stolberg. Darin standen neben Gedichten gegen Tyrannen, Hofschranzen und Pfaffen auch empfindsame Verse. Auf diese Mischung bezieht sich wohl die Kritik des Xenions.

Neuste Schule – 1796 veröffentlichte der Dresdner Hofmarschall Joseph Friedrich von Racknitz seine »Darstellung und Geschichte des Geschmacks der vorzüglichsten Völker, in Beziehung auf die innere Auszierung der Zimmer und auf die Baukunst« und eine »Darstellung und Geschichte des Geschmacks an Arabesken«. An die Stelle des Geschmacks als ästhetische Kategorie vor allem der Aufklärung setzte er geschmäcklerische Maßstäbe. In Goethes Briefwechsel mit Heinrich Meyer wird Racknitz, der »Freund der Geschmäcke«, häufig verspottet (vgl. die Briefe vom 18. April und vom 1./8. August 1796).

An deutsche Baulustige – Vgl. die vorige Anm.

Affiche – Bekanntmachung, Aushang.

15 *Manso, Von den Grazien* – Der Schriftsteller Johann Kaspar Friedrich Manso war seit 1790 als Gymnasiallehrer in

Breslau tätig. Er gilt als Verfasser der »Horen«-Rezension, die 1795 in der Leipziger »Neuen Bibliothek der schönen Wissenschaften und der freien Künste« erschien. Diese Rezension war für die Verständnislosigkeit des zeitgenössischen Publikums besonders bezeichnend; sie bot auch den Anlaß für Mansos Verspottung in den »Xenien«. Weder die geschäftige Werbung, die Manso durch Freunde und Gesinnungsgenossen für sich betreiben ließ, noch die gemeinsam mit Dyk verfaßten Anti-Xenien konnten verhindern, daß Manso seinen literarischen Einfluß verlor. Er veröffentlichte später nur noch sehr selten dichterische Arbeiten. Im April 1795 war in der »Neuen deutschen Monatsschrift« Mansos Versepistel »Über den Einfluß der Grazien« erschienen, der das erste Xenion gilt.

Tassos Jerusalem, von demselben – Manso veröffentlichte 1791 seine Übersetzung der ersten fünf Gesänge des Epos »La Gerusalemme liberata« von Torquato Tasso. Die mißlungene Übersetzung brachte auch buchhändlerisch einen Mißerfolg; erst 1798 wurde Mansos Übertragung des sechsten Gesangs gedruckt.

16 *Die Kunst zu lieben* – Mansos dichterisches Hauptwerk, »Die Kunst zu lieben. Ein Lehrgedicht in drei Büchern«, erschien 1794 anonym in Berlin. In einer prahlerischen Vorrede stellte Manso sich als gleichberechtigt neben Ovid, dessen »Ars amatoria« (Liebeskunst) er weitgehend als Vorbild benutzt hatte.

Schulmeister zu Breslau – Vgl. die erste Anm. zu S. 15.

Präzeptor – Lehrer, Erzieher.

Naso – Publius Ovidius Naso wurde von dem römischen Kaiser Augustus im Jahre 8 oder 9 nach Tomi (dem heutigen Konstanza) verbannt, wo er 17 oder 18 starb.

Wieland – Manso hatte in seiner »Kunst zu lieben« auch Wieland, besonders dessen »Musarion«, sehr gelobt, um sich auch ihm gleichzustellen.

caput mortuum – (lat.) Totenkopf; chemischer Fachausdruck

für den Rückstand in der Retorte. Auch dieses Xenion ist auf Manso gemünzt.

17 *Jean Paul Richter* – Vgl. das in der gleichen Zeit entstandene Goethesche Epigramm »Der Chinese in Rom«.

jener – Manso.

An seinen Lobredner – Ein eifriger Verteidiger Mansos und seiner Werke war Johann Baptist von Alxinger, Dichter und Sekretär des Wiener Hoftheaters.

Füchse – Das Bild, ein Leitmotiv der »Xenien«, geht auf eine Stelle des Alten Testaments zurück. Vgl. Buch der Richter, Kap. 15, Vers 3-5: »Da sprach Simson zu ihnen: ›Ich habe einmal eine gerechte Sache wider die Philister; ich will euch Schaden tun.‹ Und Simson ging hin und fing dreihundert Füchse und nahm Brände und kehrte je einen Schwanz zum andern und tat einen Brand je zwischen zwei Schwänze und zündete die Brände an mit Feuer und ließ sie unter das Korn der Philister . . .« (Vgl. Goethes Brief an Schiller vom 28. Oktober 1795.)

Nekrolog – Anspielung auf den von Adolf Heinrich Friedrich Schlichtegroll herausgegebenen »Nekrolog auf das Jahr 1793« (Vgl. die erste Anm. zu S. 24).

Bibliothek schöner Wissenschaften – Die Leipziger »Neue Bibliothek der schönen Wissenschaften und der freien Künste«, zeitweilig von Johann Gottfried Dyk herausgegeben, erschien 1765 bis 1806. Sie diente dem schlechten Geschmack des Publikums; viele ihrer Mitarbeiter wurden in das Strafgericht der »Xenien« einbezogen. (Vgl. die erste Anm. zu S. 15.)

18 *Die neuesten Geschmacksrichter* – Gemeint sind die Kritiker aus der jüngeren Generation, besonders Friedrich Schlegel.

Exerzitium – (lat.) Übung, Schulaufgabe.

Guerre ouverte – Der Titel des Xenions (»Offener Krieg«) spielt auf den einer von Ludwig Ferdinand Huber übersetzten Komödie Antoine-Jean Dumaniants an. Der Kampf wird auch hier den Feinden der beiden Dichter und der »Horen« insgesamt angesagt, im besonderen gilt er den Kritikern Friedrich Schlegel, Friedrich Leopold zu Stolberg und Johann Friedrich Reichardt. Am 21. November 1795 hatte Goethe anläßlich der »abscheulichen Vorrede Stolbergs zu seinen ›Platonischen Gesprächen‹« an Schiller geschrieben: »Durch die geheime Fehde des Verschweigens, Verruckens und Verdruckens« sei die offene Fehde seit langem herausgefordert worden.

An gewisse Kollegen – Besonders auf Johann Friedrich Reichardt und seinen Kreis gemünzt.

19 *N.O.P.* – Die Chiffre, die in den Handschriften verschieden lautet (P. R. W., K. L. M.), hat keinen direkten Bezug. Das Xenion paßt auf viele Zeitgenossen.

Nach Kalabrien ... – Friedrich Leopold zu Stolberg bezeichnete in seinem 84. Reisebrief (vgl. die erste Anm. zu S. 12) Kalabrien als die »Rüstkammer des Allmächtigen«.

Kant und seine Ausleger – Vgl. Schillers Brief an den Herzog Friedrich Christian von Augustenburg vom 13. Juli 1793: »Die Schönheit eines Gebäudes wird nicht eher sichtbar, als bis man das Geräte des Maurers und Zimmermanns hinwegnimmt und das Gerüste abbricht, hinter welchem es emporstieg. Aber die mehrsten Schüler Kants ließen sich eher den Geist als die Maschinerie seines Systems entreißen und legen eben dadurch an den Tag, daß sie mehr dem Arbeiter als dem Baumeister gleichen.«

J-b – Gemeint ist der Hallische Philosophieprofessor und Kantianer Ludwig Heinrich Jakob, der 1795-1797 die »Annalen der Philosophie und des philosophischen Geistes von einer Gesellschaft gelehrter Männer« herausgab. In einer Anzeige, die auch als Beilage des ersten »Horen«-Heftes erschienen war, hatte Jakob seine Mitarbeiter angepriesen als »mehr als vierzig der würdigsten allgemeingeachtesten Schriftsteller..., wovon mehrere allgemein als die größten Weltweisen anerkannt sind...« In den »Annalen« waren mehrere kritische Betrachtungen zu den »Horen« erschienen. (Vgl. das Xenion »A. d. Ph.«, S. 57, und Anm.)

Die Stockblinden – Ebenfalls gegen Jakob und seine Anhänger gerichtet.

ein Zwiebel – Wie in Goethes »Invektiven«, so erscheint auch in den »Xenien« der Berliner Buchhändler und Literat Friedrich Nicolai als ein Hauptgegner. Das vorliegende Xenion spielt auf eine Stelle aus Nicolais »Beschreibung einer Reise durch Deutschland und die Schweiz« an, in der Friedrich Wilhelm Joseph Schelling und sein Vater als »Keller-Philosophen« bezeichnet werden, die »von jeder Art der Philosophie alles Materiale und Gegebene, wie Häute von einer Zwiebel, so subtil als möglich« abschälten. Schelling freute sich daher besonders über die gegen Nicolai gerichteten Xenien. In seiner Erwiderung an Nicolai ging er ebenfalls auf das Zwiebel-Gleichnis ein.

20 *das Haus* – Literatur und Philosophie.

21 *Wissenschaft* – Noch einmal erscheint hier der Gegensatz von philosophischem Kopf und Brotgelehrten aus Schillers Jenaer Antrittsvorlesung »Was heißt und zu welchem Ende studiert man Universalgeschichte?«.

An Kant – Immanuel Kant hatte im Mai 1796 in der »Berlinischen Monatsschrift« seinen Aufsatz »Von einem neuerdings erhobenen vornehmen Ton in der Philosophie« veröffentlicht. Darin rechnete er vor allem mit Goethes Schwager Johann Georg Schlosser und anderen Popularphilosophen ab, die sich »vornehm« dünkten, weil sie die ernsthafte Arbeit des Philosophen durch Inspiration und mystizistische Schau ersetzen zu können glaubten. Goethe schrieb am 26. Juli 1796 an Schiller: »Kants Aufsatz über die *vornehme* Art zu philosophieren hat mir viel Freude gemacht, auch durch diese Schrift wird die Scheidung dessen, was nicht zusammengehört, immer lebhafter befördert.«

Roture – (franz.) die Bürgerlichen, also im ständischen Sinne nicht »Vornehmen«.

Ernst – Der Leipziger Medizinprofessor Ernst Platner, zeitweilig ein Günstling des Herzogs von Augustenburg, war

Schiller aus Freundesberichten bekannt. Platner würzte seine Vorlesungen mit polemischen Ausfällen vor allem gegen Kant und machte sich bei den Studenten durch Witze beliebt. Er hielt seine Vorlesungen in einem mit Büsten und Bildern überreich geschmückten Saal der Leipziger Universität.

Verfehlter Beruf – Vgl. die vorige Anm.

auf höherm Gerüst – Auf dem Podium des Marktschreiers.

Das philosophische Gespräch – Gegen Ernst Platners 1783 gedrucktes »Gespräch über den Atheismus« gerichtet.

22 *Literarischer Zodiakus* – Der »Literarische Tierkreis« reicht bis zu dem Xenion »Glück auf den Weg« (S. 26). Unter dem 18. Januar 1825 berichtet Eckermann: »Bei Erwähnung der ›Xenien‹ rühmte Goethe besonders die von Schiller, die er scharf und schlagend nannte, dagegen seine eigenen unschuldig und geringe. ›Den Tierkreis‹, sagte er, ›welcher von Schiller ist, lese ich stets mit Bewunderung. Die guten Wirkungen, die sie zu ihrer Zeit auf die deutsche Literatur ausübten, sind gar nicht zu berechnen.‹« Einzelmotive des »Tierkreises« stammen aus dem zweiten Buch der »Metamorphosen« des Ovid.

Widder – Christian Friedrich Wilhelm Jacobs, Oberbibliothekar in Gotha, war ein Mitarbeiter der Leipziger »Neuen Bibliothek« und anderer von Johann Gottfried Dyk herausgegebener Zeitschriften (vgl. die sechste Anm. zu S. 17). An den Kritiken gegen Schiller und Goethe, die in der »Neuen Bibliothek« erschienen, hatte Jacobs, der beide Dichter verehrte, keinen Anteil. Er war aber ein Freund Mansos und geriet so unter die Opfer der »Xenien«. Zum »Stuttgarter Schiller-Album« steuerte er 1837 folgendes Epigramm bei: »Widder im Tierkreis hieß ich dir einst. O wär ich es, freudig / Brächt ich mein Vlies den Beherrschern des nächtlichen Reiches zum Lösgeld, / Und du, Göttlicher, kehrtest zurück zu den sehnenden Völkern.«

Namensbruder – Ludwig Heinrich Jakob, Professor der Philosophie in Halle. (Vgl. die vierte Anm. zu S. 19.)

*in G*** – In Gotha gab Rudolf Zacharias Becker seit 1791

den »Reichsanzeiger oder Allgemeines Intelligenzblatt . . .« heraus, eine unbedeutende Zeitschrift, in der u. a. vor Aufführungen der »Räuber« gewarnt wurde. (Vgl. die fünfte Anm. zu S. 57.)

23 *Zwillinge* – Gemeint sind die Brüder Christian und Friedrich Leopold zu Stolberg. Seine Jugendfreundschaft mit den Grafen Stolberg beschrieb Goethe im achtzehnten und neunzehnten Buch von »Dichtung und Wahrheit«.

Gelobet sei J- C- – Die Vorrede zu Friedrich Leopold zu Stolbergs Übersetzung »Auserlesene Gespräche des Platon«, die im Herbst 1795 erschienen war, enthält ein schwärmerisches Lob auf Jesus Christus. Goethe schrieb am 25. November 1795 an Schiller: »Hier schicke ich Ihnen sogleich die neueste Sudelei des gräflichen Salbaders. Die angestrichene Stelle der Vorrede ist's eigentlich, worauf man einmal, wenn man nichts Bessers zu tun hat, losschlagen muß.« Schon am 21. November 1795 hatte Goethe seinem Ärger über Stolbergs Schrift im Brief an Schiller Luft gemacht (vgl. die dritte Anm. zu S. 18).

*der Bär zu K*** – Friedrich Nicolais »Allgemeine Deutsche Bibliothek« erschien seit 1793 – mit dem gleichen platt-aufklärerischen Programm und Stil – als »Neue Allgemeine Deutsche Bibliothek« in Kiel. Das Xenion spielt auf eine bekannte Fabel an; vgl. »Der Bär wehrt die Fliegen«:

Immer zum Glücke des Volkes befördert Eudämonia
Hochverrätrische Schrift, aber mit Noten, zum Druck.

*Krebs in B**** – Der Berliner Schriftsteller Karl Wilhelm Ramler, dessen eigene Werke einen schwülstig-pathetischen Stil aufweisen, gab u. a. die Werke Ewald von Kleists, Friedrich von Logaus, Salomon Geßners und Lessings sowie zahlreiche Anthologien heraus. Bei allen diesen Unternehmungen griff er »verbessernd« ohne Rücksicht auf Absicht und Eigenart des jeweiligen Dichters in die fremden Texte ein. Goethe hatte Ramler schon im »Neuesten von Plundersweilern« satirisch als Barbier dargestellt.

Löwe – Gemeint ist Johann Heinrich Voß, der in jenen Jahren in Eutin lebte. Seine 1781 erschienene »Odyssee«-Übersetzung gilt als Muster der Verslehre, die die klassische Philologie formuliert hatte.

Fuß – Versfuß.

Jungfrau – Gemeint ist Wieland, dessen Empfindlichkeit unter den Freunden wohlbekannt war. Schiller schrieb am 31. Juli 1796 an Goethe: »Wieland soll mit der zierlichen Jungfrau in Weimar wegkommen, worüber er sich nicht beklagen kann.« Es blieb zwar nicht bei diesem einen Epigramm, aber Wieland wurde doch sehr schonend behandelt. Er erwiderte auf die Xenien im »Neuen Teutschen Merkur« unter dem Titel »Die Musenalmanache für das Jahr 1797, ein Gespräch zwischen einem Freunde und mir« (Januar und Februar 1797).

24 *Raben* – Gemeint ist Adolf Heinrich Friedrich Schlichtegroll in Gotha, Herausgeber des »Nekrologs merkwürdiger Deutscher«, der seit 1791 jährlich erschien. (Vgl. »Nekrolog«, S. 17.) Goethe lehnte die nekrologische Methode ab. Am 29. Mai 1801 schrieb er an Zelter über »jene Nekrologen . . ., die, indem sie das, was Gutes und Böses durch das Leben eines bedeutenden Menschen von der Menge gewähnt und geklatscht worden, gleich nach seinem Verscheiden emsig gegeneinander stellen, seine sogenannten Tugenden und Fehler mit heuchlerischer Gerechtigkeit aufstutzen und dadurch, weit schlimmer als der Tod, eine Personalität zerstören, die nur in der lebendigen Vereinigung solcher entgegengesetzten Eigenschaften gedacht werden kann«.

Locken der Berenice – Coma Berenicis (Haupthaar der Berenice, einer Gestalt der antiken Sage) ist der Name eines Sternbildes in der Nähe des Löwen (vgl. die sechste Anm. zu S. 24). Das Xenion bezieht sich auf die in Salzburg erscheinende »Oberdeutsche Allgemeine Literaturzeitung«, ein besonders dumm-dreistes »aufklärerisches« Blatt. Es enthielt häufig trockene, einseitige Kritiken über sprachliche und metrische Einzelfragen sowie Hinweise auf Druckfehler in Neuerscheinungen. Unter anderem wurden in dieser Zeitung einzelne Verse Goethes und Schillers als »undeutsch« bzw. »etwas unmetrisch geraten« gerügt.

Waage – Das Symbol der Gerechtigkeit hat keinen Platz im »Tierkreis« der literarischen Zeitgenossen.

Skorpion – Gemeint ist der Schriftsteller und Komponist Johann Friedrich Reichardt, anonymer Herausgeber der Zeitschriften »Deutschland« und »Frankreich«. Er vertonte zahlreiche Gedichte Goethes, und Goethe stand noch zu Beginn der neunziger Jahre in freundlicher Beziehung zu ihm. Dieses Verhältnis hatte sich jedoch durch Reichardts begeisterte Verteidigung aller Stadien der Französischen Revolution und besonders durch einige Kritiken an Goethe und Schiller zunehmend verschlechtert. Zur Zeit der »Xenien« gehörte Reichardt zu den Hauptfeinden. (Vgl. S. 48 ff. und die Anmerkungen.)

G-b-n – Reichardt wohnte auf dem Giebichenstein bei Halle.

Ophiuchus – (griech.) Schlangenträger; Hauptname des vielteiligen Sternbilds.

nur der getrocknete Balg – Die in Leipzig und Halberstadt erscheinende »Deutsche Monatsschrift. Von den bisherigen Herausgebern derselben fortgesetzt. Mit Kupfern. Freimütig und bescheiden« führte nur noch ein Schattendasein, seit ihr Verleger Vieweg 1795 mit Friedrich von Gentz die »Neue deutsche Monatsschrift« begründet hatte. Zu den Mitarbeitern der »Deutschen Monatsschrift« gehörten Johann Wilhelm Ludwig Gleim und Johann Joachim Eschenburg. Viele ihrer Beiträge waren gegen Kant und die »Horen« gerichtet, andere setzten sich für Manso ein und stellten Schiller und Goethe mit ihm und anderen Literaten auf eine Stufe.

25 *Schütz* – Christian Gottfried Schütz, der Herausgeber der Jenaer (später der Hallischen) »Allgemeinen Literaturzeitung«. Er förderte die »Horen« durch die Veröffentlichung fundierter Rezensionen, unter denen die Besprechung der poe-

tischen Beiträge der »Horen« von August Wilhelm Schlegel, die Anfang Januar 1796 erschien, hervorragte.

*Gans in L***g und G**a* – In Leipzig erschien seit Juli 1796 der »Allgemeine literarische Anzeiger«, ein Rezensionsorgan, das wie die »Gothaischen gelehrten Zeitungen« dem Publikumsgeschmack diente.

Steinbock – Gemeint ist Friedrich Nicolai.

*in B**** den Grad' ad Parnassum* – Gemeint ist Johann Joachim Eschenburg, der in Braunschweig lebte. Er versuchte mit einigen Veröffentlichungen einen »Weg zum Parnaß« (dem Sitz der Dichter in der antiken Sage) zu weisen: mit dem »Entwurf einer Theorie und Literatur der schönen Wissenschaften« (1783) und der dazugehörigen »Beispielsammlung« (1788-1795).

*von dem Dr***r Wassermann* – Der Lexikograph und Grammatiker Johann Christoph Adelung lebte als Oberbibliothekar in Dresden. Er verfaßte eine Reihe umfangreicher Sammelwerke, darunter den »Versuch eines vollständigen grammatisch-kritischen Wörterbuchs der hochdeutschen Mundart« (Leipzig 1774-1786), einen Vorläufer des Grimmschen Wörterbuchs.

26 *Eridanus* – Den Namen eines sagenhaften antiken Flusses, des Bernsteinflusses, erhält hier die Oker. In Braunschweig an der Oker lebte Joachim Heinrich Campe, Schriftsteller und Pädagoge, einer der führenden Sprachpuristen. (Vgl. auch die »Gesellschaft von Sprachfreunden«, S. 37.)

Teut – Vgl. »An die T . . . und D . . .«:

»Verfluchtes Volk! kaum bist du frei,
So brichst du dich in dir selbst entzwei.
War nicht der Not, des Glücks genug?
Deutsch oder teutsch, du wirst nicht klug.«

Fische – Christian Friedrich Wilhelm Jacobs, Johann Kaspar Friedrich Manso, Johann Gottfried Dyk und Georg Gottlieb Schatz gaben in Leipzig seit 1792 »Charaktere der vornehmsten Dichter aller Nationen . . .« heraus, als »Nachträge« zu

Johann Georg Sulzers »Allgemeiner Theorie der schönen Künste« (2. Auflage, 1792 ff.).

Der fliegende Fisch – Gemeint ist Manso.

Chorizonten – Trennende, Ordner. Zum Beispiel in der Homerforschung wurden mehrere solcher Ordner (auch: Diaskeuasten) angenommen, die Homers Werke nachträglich zusammengefügt oder auch fremde Teile aus der »Ilias« und »Odyssee« ausgeschieden hätten.

27 *Revolutionen* – Goethe sprach sich in dieser Zeit häufig gegen die Französische Revolution aus. Im Xenion stellt Goethe die revolutionäre der evolutionären Veränderung gegenüber und bekundet damit besonders den Gegensatz, der ihn von den deutschen Jakobinern, zu denen auch Reichardt gehörte, trennte. Das besonders exponierte Xenion nahm er in den Zyklus »Herbst« auf.

»Franztum drängt in diesen verworrenen Tagen, wie ehmals Luthertum es getan, ruhige Bildung zurück.«

Rhein – Dieses und die sechzehn folgenden Xenien bilden den Zyklus »Die Flüsse«, den Schiller 1800 in seine Gedichtsammlung aufnahm.

28 *B*** – Bayern.

Komus – Lateinischer Name der Zechgelage und wilden Umzüge zu Ehren des Bacchus.

Charis – Griechische Göttin der Anmut.

*O*** – Österreich.

Fajaken – Phäaken: märchenhafte Seefahrer und Inselbewohner, die als faule, im Überfluß lebende Schlemmer beschrieben werden. Vgl. das Xenion »Die Fajaken«:

»Wir Fajaken, wir suchen kein Lob in Kämpfen des Geistes,
Lieben nur halter den Schmaus, Feuerwerk, Hatzen und Spiel.«

noch immer das alte Geschlecht – Anspielung auf das überalterte, konservative Patriziertum Frankfurts.

Aber die Fürsten sind gut – Das Xenion huldigt vor allem dem Herzogtum Sachsen-Weimar-Eisenach und seinem »Musenhof«.

Ilm – Vgl. Goethes Verse auf den kleinen Fluß im Maskenzug »Bei allerhöchster Anwesenheit Ihro Majestät der Kaiserinmutter Maria Feodorowna in Weimar«, 1818.

29 *Elbe* – Das Xenion richtet sich vor allem gegen Adelung (vgl. die fünfte Anm. zu S. 25), der die in den Meißner Kanzleien ausgebildete Sprache (auf der auch das Lutherdeutsch beruht) zum einzigen gültigen Maßstab für das Hochdeutsche erklärt hatte.

Ramler – Karl Wilhelm Ramler (vgl. die vierte Anm. zu S. 23) verfaßte mehrere schwülstige Lobgedichte auf Friedrich II. von Preußen.

*Gesundbrunnen zu**** – Karlsbad.

30 *P** bei N**** – Gemeint ist die Pegnitz bei Nürnberg. Im Jahre 1794 hatte die »Pegnitzer Hirtengesellschaft«, auch »Löblicher Hirten- und Blumenorden an der Pegnitz« oder »Gekrönter Blumenorden« genannt, ihr hundertundfünfzigjähriges Bestehen gefeiert. Der Orden war ursprünglich eine der bedeutendsten Gesellschaften zur Reinigung der deutschen Sprache von ausländischen Modewörtern und Schwulst gewesen. Jetzt hatte er sich jedoch längst überlebt und genügte sich an Spielereien im Geschmack tändelnder Schäferdichtung.

*Die **chen Flüsse* – Die »geistlichen« Flüsse; das Xenion bezieht sich ironisch auf die Bischofssitze in der Rhein- und Maingegend.

Juvavien – Juvavum lautet der alte lateinische Name für Salzburg; die Salzach hieß Juvavus.

Erzstift – Das Bistum Salzburg wurde in der ersten Hälfte des siebenten Jahrhunderts durch Bonifatius begründet.

Salz – Hier: Geist, Verstandesschärfe.

Der anonyme Fluß – Gemeint ist vermutlich die Fulda und der dazugehörige, 744 von Bonifatius' Schüler Sturmi begründete Bischofssitz.

Les fleuves indiscrets – (franz.) Die indiskreten Flüsse. In Denis Diderots »Les bijoux indiscrets« (Die geschwätzigen

Kleinode) plaudern die Edelsteine alle weiblichen Heimlichkeiten aus (Schiller setzte für Edelsteine: Schätzchen).

31 *Dialogen aus dem Griechischen* – Vgl. die zweite Anm. zu S. 23 und Goethes Aufsatz »Plato als Mitgenosse einer christlichen Offenbarung«, der durch Friedrich Leopold zu Stolbergs Auswahlübersetzung der platonischen Dialoge und das der Auswahl beigegebene Vorwort veranlaßt wurde.

die griechischen Götter – Friedrich Leopold zu Stolberg hatte in seinen »Gedanken über Herrn Schillers Gedicht ›Die Götter Griechenlands‹« (1788) Schillers »heidnische Verirrung« kritisiert, die in der Klage gipfelte: »Da die Götter menschlicher noch waren, / Waren Menschen göttlicher.« Schiller schrieb am 31. Juli 1796 an Goethe: »Stolberg kann nicht geschont werden, und das wollen Sie wohl selbst nicht . . . Außerdem kommen diese Hiebe auf die Stolbergische Sekte in einer solchen Verbindung vor, daß jeder *mich* als den Urheber sogleich erkennen muß; ich bin mit Stolberg in einer gerechten Fehde und habe keine Schonung nötig.«

Christlicher Herkules – Auch dieses Xenion geht auf Friedrich Leopold zu Stolberg, der die Kräfte des Herkules herbeiwünschte, um gegen die »heidnische Brut« zu Felde zu ziehen. Er wird als schwächlicher Nachahmer des antiken Halbgottes verspottet und verkleinernd als Herkuliskus angesprochen. Den »Christlichen deutschen Herkules« (»Des christlichen teutschen Großfürsten Herkules und der böhmischen königlichen Fräulein Valisca Wundergeschichte«, Braunschweig 1659 und 1660), einen Roman von Andreas Heinrich Buchholtz, nannte Goethe bezeichnenderweise als die Lieblingslektüre der pietistischen »schönen Seele« in »Wilhelm Meisters Lehrjahren«. Stolberg wiederum verbrannte 1796 sein Exemplar des Goetheschen Romans – mit Ausnahme des sechsten Buches, der »Bekenntnisse einer schönen Seele«.

Charis – Das Xenion nimmt Bezug auf Ramdohrs 1793 erschienene ästhetische Abhandlung »Charis oder Über das Schöne und die Schönheit in den nachbildenden Künsten«.

Goethe und Schiller lehnten seine aufklärerisch-klassizistische Ästhetik ab. Schon in Goethes Korrespondenz während des zweiten römischen Aufenthalts ist von Ramdohr die Rede. Im Brief an Heinrich Meyer vom 15. September 1796 nannte Goethe ihn einen »Papierhelden«. – In der antiken Mythologie wird eine der Charitinnen (Grazien) als Gattin des Hephaistos (Vulkan) genannt.

Roturier – (franz.) Bürgerlicher, Nicht-Adliger. Hier wie im Xenion gegen Schlosser (vgl. die dritte Anm. zu S. 21) bezeichnet das Wort eine beschränkte, dem Gegenstand unangemessene Denkweise.

Voß . . . Iffland – In der Idylle »Luise« (1795) von Johann Heinrich Voß und dem Schauspiel »Die Jäger« (1785) von August Wilhelm Iffland waren zwei Motive künstlerisch gestaltet, die sehr bald zu Lieblingsthemen der Trivialliteratur wurden: das Pfarrhaus und die Försterei.

32 *Nachäffer* – Vgl. die vorige Anm.

Klingklang – Gemeint ist der Leipziger Schriftsteller Karl Heinrich Heydenreich. Seine bedeutungslosen Gedichte erschienen 1792, im gleichen Jahre seine »Grundsätze der moralischen Gotteslehre«, später »Briefe über den Atheismus« (1796) und das »Philosophische Taschenbuch für denkende Gottesverehrer« (1796).

Umschöpfer – Gemeint sind zunächst Schriftsteller vom Schlage Ifflands. Darüber hinaus gilt das Xenion vermutlich den unproduktiven Nachbetern der Kantischen Philosophie. Verwandt ist der von Goethe in den »Zahmen Xenien« geprägte Begriff des »Umtuns«.

ihr kleinen Gesellen – Die »Xenien«.

Das Brüderpaar – Auf dem Titelblatt der »Gedichte der Brüder Christian und Friedrich Leopold Grafen zu Stolberg« (Leipzig 1779) waren zwei umschlungen dahintrabende junge Zentauren (antike Fabelwesen aus Pferdekörper und menschlichem Kopf) abgebildet. Vor allem Friedrich Leopolds radikale Wendung von den Jugendidealen des Sturm und Drangs zu eifernder Frömmelei (Christian trat nicht zum Katholizismus über) verursachte die wachsende Entfremdung zwischen den Brüdern und Goethe und die spätere Polemik »Voß contra Stolberg« (Vgl. auch die zweite Anm. zu S. 31.)

*K*** – Goethe und Schiller setzen sich hier vielleicht, allerdings zurückhaltend, für den Pastor Ludwig Gotthard Kosegarten ein, einen Mitarbeiter der Schillerschen Musenalmanache. Ludwig Tieck hatte Kosegartens Gedichte mit Recht heftig kritisiert (»Archiv der Zeit«, März 1796). Auch Wilhelm von Humboldt u. a. hatten ähnlich geurteilt. Später distanzierten sich Goethe und Schiller ebenfalls von Kosegartens poetischer Produktion (vgl. Goethe an Schiller am 12. August und Schillers Antwort vom 17. August 1797). Über diesen vermutbaren Bezug hinaus hat das Xenion jedoch, wie die meisten, allgemeinere Bedeutung.

33 *An die Moralisten* – Vgl. »Herbst«.

Leviathan – Alttestamentliches Meerungeheuer; vielleicht ist Manso gemeint.

Luise, von Voß – Die Idylle erschien 1795. Vgl. Goethes Elegie »Hermann und Dorothea«. Schiller rühmte das Werk in seiner Abhandlung »Über naive und sentimentalische Dichtung«.

Jupiters Kette – Hier wird Johann Heinrich Voß verteidigt, vor allem als Herausgeber des »Göttinger Musenalmanachs«. Das Motiv ist Homers »Ilias« entlehnt (VIII. Gesang, Vers 18 ff.): Jupiter versichert den Göttern, sie könnten ihn nie vom Olymp herabziehen, selbst wenn sie sich alle an eine goldene Kette hängten, die er, Jupiter, hielte.

Epistel – In Ludwig Heinrich von Nicolays »Epistel an Ramler« (1796 im Vossischen Musenalmanach erschienen) heißt es über Klopstock, daß er ». . . was im Himmel, in dem Pfuhle Erhabnes er vernahm, in neue Phrasen stieß«.

34 *B**s Taschenbuch* – Wilhelm Gottlieb Becker gab in Dresden seit 1791 ein »Taschenbuch [seit 1794: und Almanach] zum geselligen Vergnügen« heraus, eine Sammlung belangloser Poesien.

Ein deutsches Meisterstück – Die Beziehung ist nicht ermittelt.

Das Neueste aus Rom – Im »Neuen Teutschen Merkur« berichtete Karl Ludwig Fernow im Juni 1795 aus Rom »Über einige neue Kunstwerke des Herrn Professor Carstens«. In einer dort wiedergegebenen Notiz des klassizistischen Malers Jakob Asmus Carstens heißt es: »Zeit und Raum. Eine Malerei in Tempera. Eine anschauliche Darstellung dieser abstrakten Formen der Sinnlichkeit; in ihnen befinden sich alle Erscheinungen. Der Raum umfaßt das Weltall; die Zeit ist ewig jung, nur die Dinge in ihr verändern sich.« Goethe bat Heinrich Meyer, der damals ebenfalls in Rom lebte, im Brief vom 8. Februar 1796 um nähere Mitteilungen: »Schreiben Sie mir doch etwas Näheres über die Gegenstände der Kunst aus der Kantischen Philosophie; wir wollen dieser und anderer Späße in unsern Distichen nicht vergessen.« Vgl. auch Schillers Brief an Goethe vom 31. Januar 1796.

35 *Frivole Neugier* – Das Xenion bezieht sich auf Mutmaßungen der Zeitgenossen über aktuelle Beziehungen in Schillers »Geisterseher«.

delphischer Gott – Apollon als Gott des delphischen Orakels.

Armenier – Geheimnisvolle Gestalt aus dem »Geisterseher«.

Beispielsammlung – Vgl. die vierte Anm. zu S. 25.

Der Sprachforscher – Adelung. (Vgl. die fünfte Anm. zu S. 25 und die erste Anm. zu S. 29.)

36 *Geschichte eines dicken Mannes* – Friedrich Nicolais gegen Kant gerichtete Satire »Geschichte eines dicken Mannes, worin drei Heiraten und drei Körbe, nebst viel Liebe« (1794) war in der vom Verfasser herausgegebenen »Neuen Allgemeinen Deutschen Bibliothek« dem Leser ernsthaft als verdauungsfördernd empfohlen worden.

Anekdoten von Friedrich II. – Friedrich Nicolai, »Anekdoten von König Friedrich II. von Preußen und von einigen Personen, die um ihn waren; nebst einigen Zweifeln und Berichtigungen über schon gedruckte Anekdoten« (1788-1792).

Literaturbriefe – Die »Briefe, die neueste Literatur betreffend« (1759-1765), an denen auch Nicolai mitarbeitete, erhielten ihre außerordentliche Bedeutung vor allem durch die Beiträge Lessings.

Gewisse Melodien – Johann Friedrich Reichardt, der verschiedene Gedichte von Goethe und Schiller vertonte. Vgl. »Zeichen des Skorpions« (S. 24 und die Anm.). Goethe beurteilte den Komponisten später milder und gerechter.

Überschriften – Anspielung auf Reichardts eigenwillige, oft gesuchte Bezeichnungen der Stimmungen und Tempi seiner Kompositionen.

37 *Der böse Geselle* – Ebenfalls Reichardt.

Karl von Karlsberg – Der pädagogische Roman »Karl von Karlsberg oder Über das menschliche Elend« (6 Bde., Leipzig 1783-1788) von dem Theologen und Pädagogen Christian Gotthilf Salzmann.

Schriften für Damen und Kinder – Gegen die Vielzahl der Taschenbücher und ähnlicher Editionen »für Damen«, »für das schöne Geschlecht«, »für Frauenzimmer« usw. und gegen die ebenfalls zahlreichen Jugendbücher und -zeitschriften gerichtet. Letztere wurden meist von aufklärerischen Pädagogen und Schriftstellern herausgegeben, z. B. von Joachim Heinrich Campe und Christian Felix Weiße. Die meisten Veröffentlichungen dieser Art waren zu belehrender Unterhaltung, nicht aber zu wirklicher Bildung und Erziehung geeignet. Ein direkter Bezug dieses Xenions und des folgenden ist nicht ermittelt.

Dieselbe – Vgl. die vorige Anm.

Gesellschaft von Sprachfreunden – Zu den deutschtümelnden Tendenzen, die während der Restaurationszeit besonders stark auftraten, gehörten auch die seit dem Ende des 18. Jahrhunderts immer wieder aufgegriffenen Bemühungen um die Reinigung der deutschen Sprache. In Berlin bestand seit 1815 eine Gesellschaft solcher Sprachreiniger. Ihre Vorschläge waren meist nicht ernst zu nehmen, da sie ohne Rücksicht auf sprachhistorische Gegebenheiten vorgebracht wurden. Goethe verspottete sie öfter. – Hier ist insbesondere die von Joachim Heinrich Campe 1795 begründete Gesellschaft gemeint, die in einer Anzeige ihrer neuen Zeitschrift »Beiträge zur weiteren Ausbildung der deutschen Sprache« versprochen hatte, die großen Werke berühmter Dichter sollten nun auf ihre sprachliche »Reinheit« geprüft werden, »von Männern, welche das Kleid von dem Körper wohl zu unterscheiden wüßten und, indem sie auf jenem etwa hier ein wenig Staub abzublasen, etwa dort ein Schmutzfleckchen auszutilgen fänden, der makellosen Schönheit, die sie an diesem zu bemerken Gelegenheit hätten, alle mögliche Gerechtigkeit und Achtung erwiesen«. Wie die »Sprachreiniger« ihre Arbeit auffaßten, zeigt Campes Erwiderung: »Mit Erlaubnis! Euro Gnaden vergönnen, daß wir bürsten hoch Ihnen auch ein Federgen ab; sehn Sie: Federchen heißt's.« (Im Musenalmanach war »Federgen« gedruckt worden.) Schiller schrieb am 27. Januar 1797 an Goethe: »Haben Sie gelesen, was Campe auf die ›Xenien‹ erwidert hat? Es geht eigentlich nur Sie an, und er hat sich auch höflich benommen, aber den *Pedanten* und die *Waschfrau* nur aufs neue bestätigt.« Vgl. das folgende Xenion und »Eridanus« (S. 26).

38 *Purist . . . Pedant* – Campe. Vgl. die vorige Anm. Campe antwortete hierauf: »Gib, auf meine Gefahr, ihm deinen eigenen Namen . . .«

Gerne plagt ich . . . Nein! Du erbittest . . . – Die Adressaten sind nicht ermittelt.

Garve – Der in Breslau lebende Popularphilosoph litt an einer schweren Krebserkrankung. Er hatte 1792 in seinen »Versuchen über verschiedene Gegenstände aus der Moral, der Literatur und dem gesellschaftlichen Leben« eine Abhandlung »Über die Geduld« veröffentlicht. Garves aus Erfahrung geschöpfte Maximen standen weit über frömmelnden Tröstungsversuchen, wie sie etwa in Karl Heinrich Heydenreichs »Originalideen« (1796) enthalten waren. Schiller hat Garves Übersetzungen und Schriften sehr geschätzt.

39 *Auf gewisse Anfragen* – Vermutlich eine Anspielung auf

eine Kontroverse zwischen dem Schriftsteller Martin Heinrich Arvelius, der sich auf einen wohlwollenden Brief Wielands berief, und seinem Rezensenten Alxinger, der dem Schriftsteller riet, das Schreiben lieber aufzugeben.

Stoßgebet – Vgl. Goethes Lustspiel »Der Bürgergeneral« (6. und 10. Auftritt).

Sanscülott – In seinem Aufsatz »Literarischer Sansculottismus«, der 1795 die Auseinandersetzung mit den Gegnern der »Horen« eingeleitet hatte, kennzeichnete Goethe »die ungebildete Anmaßung, womit man sich in einen Kreis von Bessern zu drängen, ja Bessere zu verdrängen und sich an ihre Stelle zu setzen denkt«, als den »eigentlichen Sansculottismus«. So grenzte Goethe den während der Französischen Revolution entstandenen Begriff von seiner ursprünglichen Bedeutung ab. Zu Beginn der Französischen Revolution wurden die Angehörigen des vierten Standes Sansculotten genannt, weil sie im Gegensatz zu den Adligen und wohlhabenderen Bürgern keine Kniehosen (Culottes), sondern lange Hosen (Pantalons) trugen.

Schöpfung durch Feuer – Hier beginnt eine Reihe von Xenien, die mit Goethes naturwissenschaftlichen Arbeiten und Überzeugungen verbunden sind. Das vorliegende und die beiden folgenden richten sich gegen die sogenannten Vulkanisten oder Plutonisten, die die Entstehung der Erdgestalt aus vulkanischen Ursachen zu erklären suchten. Die Entstehung des Basalts war eine der zentralen Streitfragen unter den Geologen. Vgl. die Zahmen Xenien zu diesem Thema, vor allem »Wie man die Könige verletzt . . .«.

40 *Triumph der Schule* – Die hier beginnende »Xenien«-Reihe (bis »Das Mittel«, S. 42) ist gegen Isaac Newtons Farbenlehre und ihre Anhänger gerichtet. Der Gegensatz zu Newtons allgemein anerkannten Theorien bestimmte Goethes gesamte Bemühung um die Farbenlehre. Vgl. die diesem Thema gewidmeten Zahmen Xenien, vor allem »Einheit ewigen Lichts . . .«.

41 *Lange steht es gedruckt* – Goethes erste Veröffentlichung zur Farbenlehre waren die 1791/92 gedruckten »Beiträge zur Optik«. Sie waren, wie viele spätere naturwissenschaftliche Schriften Goethes, von den Fachgelehrten weitgehend unbeachtet geblieben.

Märtyrer – Goethe litt sehr unter der mangelnden Wirkung seiner jahrzehntelangen naturwissenschaftlichen Bemühungen, vor allem unter der Nichtachtung bzw. Ablehnung seiner Farbenlehre. Erst in der neuesten Forschung wird versucht, die Bedeutung des Naturwissenschaftlers Goethe zu erschließen und seine zeitbedingten Irrtümer von den Erkenntnissen zu sondern, die über den zeitgenössischen Stand der Naturwissenschaften weit hinausgingen und von den Fachgelehrten meist als Illusion eines Dilettanten abgetan wurden.

Phlogiston – Der französische Chemiker Antoine-Laurent Lavoisier hatte 1789 nachgewiesen, daß die seit fast einem Jahrhundert gültige Lehre vom Phlogiston als dem flüchtigen Bestandteil aller brennbaren Stoffe falsch war. Er entdeckte den Anteil des Sauerstoffs am Verbrennungsvorgang.

Hus – Der tschechische Reformator Jan Hus wurde im Jahre 1415 in Konstanz als Ketzer verbrannt. Das Xenion bezieht sich auf die deutsche Bedeutung seines Namens (Gans) und spielt auf die Vollendung der Reformation durch den »Schwan« Luther an. (Vgl. die zweite Anm. zu S. 41.)

42 *Referierten getrost* – Vgl. »Newtonisch Weiß . . .«:

Newtonisch Weiß den Kindern vorzuzeigen,
Die pädagogischem Ernst so gern sich neigen,
Trat einst ein Lehrer auf, mit Schwungrads Possen,
Auf selbem war ein Farbenkreis geschlossen.
Das dorlte nun. »Betracht es mir genau!
Was siehst du, Knabe?« Nun, was seh ich? *Grau!*
»Du siehst nicht recht! Glaubst du, daß ich das leide?
Weiß, dummer Junge, *Weiß!* so sagt's *Mollweide.*«

Im Jahre 1802 lernte Goethe den Mathematiker, Astronomen und Kartographen Karl Brandan Mollweide in Halle kennen. Dieser führte Experimente vor, die Newtons Theorie, die Summe der Farben ergebe Weiß, unterstützen sollten. Am 7. Oktober 1810 schrieb Goethe an Karl Friedrich von Reinhard: »Das Manifest des närrischen Mollweide habe ich noch nicht gesehen. Es ist ein steifer, dünkelhafter Gesell . . . Vor mehreren Jahren schon schalt er auf dem Pädagogium zu Halle ein verständiges Kind in meiner Gegenwart recht tüchtig aus, das auf der Scheibe des Schwungrades Grau sah, wo er wollte Weiß gesehen haben. Er ist recht dazu gemacht, den Newtonischen Unsinn aber und abermals zu wiederholen.« Das Gedicht entstand vermutlich 1810. Erstdruck in der Quartausgabe (Bd. 1, 1836).

Wünsch – Christian Ernst Wünsch, Professor der Mathematik in Frankfurt (Oder), hatte 1792 seine »Versuche und Beobachtungen über die Farben des Lichts« veröffentlicht. Statt der sieben Grundfarben, die Isaac Newton bei seinen Experimenten ermittelt hatte, nahm er nur drei an. Im übrigen aber hielt er sich an die Newtonsche Autorität. Goethe schrieb am 13. Januar 1798 an Schiller: ». . . Wünsch bringt eine Hypothese vor, die toller ist als ein Kapitel aus der Apokalypse, verschwendet Tätigkeit, Geschicklichkeit im Experimentieren, Scharfsinn im Kombinieren an dem absurdesten Einfall in der Welt . . .« Mit dem witzigen Gleichnis des Xenions kennzeichnete Goethe Wünschs Theorien noch in seiner »Farbenlehre«.

die Ohren – Vgl. die erste Anm. zu S. 41.

43 *Moralische Zwecke* – Goethe und Schiller lehnten eine Kunst, die sich ausschließlich in den Dienst der Belehrung stellte, entschieden ab.

exenterieren – ausweiden.

Nekrolog – Vgl. die erste Anm. zu S. 24.

Prosektor – Arzt bei der Sektion von Leichen.

Kritische Studien – Vielleicht auf Friedrich Schlegel gemünzt.

Der astronomische Himmel – Vgl. Schillers Epigramm »Menschliches Wissen«, das sich deutlicher als das Xenion gegen mathematische Detailkrämerei ohne Sinn für Verhältnis und Zusammenhang des Ganzen richtet.

Naturforscher und Transzendentalphilosophen – Gegen die Vermischung von Naturwissenschaft und idealistisch-spekulativer Philosophie gerichtet, wie sie etwa in der Naturphilosophie Friedrich Wilhelm Joseph Schellings zum Ausdruck kommt. Das Xenion ist Teil der Diskussion über »spekulativen« und »intuitiven Geist«, die Schiller in seinem Brief an Goethe vom 23. August 1794 einleitete und die beide Dichter immer wieder beschäftigte. So schrieb Goethe z. B. am 30. Juni 1798 an Schiller über die »Schwierigkeit, im Praktischen etwas vom Theoretischen zu nutzen. Ich glaube wirklich, daß zwischen beiden, sobald man sie getrennt ansieht, kein *Verbindungsmittel* stattfinde und daß sie nur insofern verbunden sind, als sie von Haus aus verbunden wirken, welches bei dem Genie von jeder Art stattfindet. – Ich stehe gegenwärtig in ebendem Fall mit den Naturphilosophen, die von oben herunter, und mit den Naturforschern, die von unten hinauf leiten wollen. Ich wenigstens finde mein Heil nur in der Anschauung, die in der Mitte steht.« Vgl. das folgende Xenion.

44 *Der treue Spiegel* – Das Xenion ist Goethes Freund Johann Heinrich Meyer, dem »Kunschtmeyer«, gewidmet. Goethe hatte den aus der Schweiz stammenden Maler und Kunsttheoretiker 1786 in Rom kennengelernt. Meyer wurde später Lehrer an der Weimarer Zeichenakademie und wohnte 1791-1802 in Goethes Haus. Im Sommer 1795 hatten Goethe und Meyer eine gemeinsame Reise vorbereitet, in deren Folge ein umfassendes Werk über Italien entstehen sollte. Dieses Werk blieb ein wissenschaftlicher Entwurf größten Stils; Goethes dritte Italienreise fand nicht statt. Im Oktober 1795 reiste Meyer allein nach Rom und Florenz, wo er fast zwei Jahre lang blieb. Vor allem auf seine brieflichen Berichte an Goethe aus dieser Zeit bezieht sich das Distichon. Goethe schrieb dem Freund zwischen dem 3. und 9. März 1796 nach Rom: »Daß wir uns gefunden haben, ist eines von den glücklichsten Ereig-

nissen meines Lebens, ich wünsche nur, daß wir lange zusammen auf diesem Erdenrunde bleiben mögen, wie ich auch hoffe, daß Schiller ohngeachtet seiner anscheinenden Kränklichkeit mit uns ausdauern wird.«

Nicolai reiset noch immer – Nicolais »Beschreibung einer Reise durch Deutschland und die Schweiz« erschien in zwölf Bänden in den Jahren 1783-1796. Der vorletzte Band enthielt Nicolais Ausfälle gegen die »Horen« und gegen Kant. Außer mehreren verstreuten Stücken ist Nicolai die folgende lange und besonders aggressive »Xenien«-Reihe (bis »Lucri bonus odor«, S. 48) zugedacht. Darin sind viele Anspielungen auf die umfangreichen und langatmigen Schriften Nicolais enthalten, vor allem auf die »Reise«.

drei Lustra – lustrum: (lat.) das Jahrfünft. Die Reise hatte 1781 stattgefunden; der letzte Band der Reisebeschreibung erschien erst 1796.

Formalphilosophie – Ein Abschnitt der »Horen«-Kritik in Nicolais »Reise« war überschrieben »Formale Philosophie«.

45 *Philosophische Querköpfe* – So nannte Nicolai Kant, Fichte, Schelling und ihre Anhänger.

Nickel – Eine Kurzform des Vornamens Nikolaus, darüber hinaus Bezeichnung für einen kleinen, verachtenswerten Menschen. Hier auf Nicolai gemünzt.

a priori – (lat.) früher, zuerst, angeboren. Das Xenion benutzt den Begriff in dieser alten, vorkantischen Bedeutung, die der Philosoph selbst ablehnte. Doch Nicolai gebrauchte ihn in althergebrachter Weise, um damit zugleich das Primat der Erfahrung gegenüber Kant zu verteidigen. Auch dieser wichtige Gedanke gelangte bei ihm jedoch nicht über Ansätze hinaus.

Donau – Anspielung auf den 12. Band der »Reise« (1796).

46 *gelähmt* – im Geiste.

Pfahl im Fleisch – Lessing hatte eine Zeitlang mit Nicolai zusammengearbeitet, so u. a. an den »Briefen, die neueste Literatur betreffend«. Nicolai tat sich viel auf diese »Freundschaft« zugute, obgleich er gerade zu denjenigen gehörte, die Lessings echte aufklärerische Wirkung durch ihre literarische Betriebsamkeit einschränkten. – »Pfähle ins Fleisch unserer Kollegen« nannte Schiller die »Xenien« im Brief an Goethe vom 27. Januar 1796.

47 *Fichte* – Johann Gottlieb Fichte rechnete mit Nicolai, der ihn in vielen seiner zahllosen Veröffentlichungen als schlimmsten »philosophischen Querkopf« verunglimpft hatte, in seiner Schrift »Friedrich Nicolais Leben und sonderbare Meinungen« ab (hrsg. von A. W. Schlegel, Tübingen 1801). Schiller rügte an Fichtes Erwiderung, daß sie sich zu sehr mit Nicolais persönlicher Dummheit aufhielte, statt an dieser Gestalt den Typus des Philisters und Banausen mit philosophischer Satire abzuhandeln. Vgl. Schillers Briefe an Schelling vom 12. Mai und an Körner vom 14. Mai 1801.

Briefe über ästhetische Bildung – Schillers Briefe »Über die ästhetische Erziehung des Menschen«, 1795 in den »Horen« erschienen, waren vielfach als »dunkel« bezeichnet worden, weil die meisten Zeitgenossen sie nicht verstanden.

Deutlichkeit – »Deutlichkeit« und »deutlich« waren Lieblingswörter der Aufklärer vom Schlage Nicolais.

Modephilosophie – So bezeichnete Nicolai die Philosophie derjenigen, die er »philosophische Querköpfe« nannte und die in Wirklichkeit die klassische deutsche bürgerliche Philosophie auf ihren Gipfel führten.

48 *Die Weidtasche* – In einem Brief an Christian Gottlob Voigt beklagte Goethe am 3. März 1796, daß »leider so viele Menschen etwas, das sich regt, nur mit dem Auge des Jägers ansehen, der sogleich darhinter her ist, um es zu zerstören«.

Noten – Anmerkungen; vgl. die folgende Anm.

Lucri bonus odor – Zitat aus Juvenals »Satiren« (14, Vers 204 f.): »Lucri bonus est odor ex re qualibet« (Reichtum riecht angenehm, ganz gleich, aus welcher Quelle er stammt). Der 12. Band der »Reise« war zwar schon vor den »Xenien« (Ostern 1796) erschienen; Nicolai gab jedoch tatsächlich einen 217

Seiten starken »Anhang zu Friedrich Schillers Musenalmanach für das Jahr 1797« heraus (Berlin und Stettin 1797), worin er alle seine in den »Xenien« verspotteten Plattheiten noch einmal wiederholte. Nach dem Erscheinen dieses »Anhangs« schrieb Goethe am 11. Februar 1797 an Schiller: »Dem verwünschten Nicolai konnte nichts erwünschter sein, als daß er nur wieder einmal angegriffen wurde, bei ihm ist immer bonus odor ex re qualibet, und das Geld, das ihm der Band einbringt, ist ihm gar nicht zuwider. Überhaupt können die Herrn uns sämtlich Dank wissen, daß wir ihnen Gelegenheit geben, einige Bogen zu füllen und sich bezahlen zu lassen, ohne großen Aufwand von produktiver Kraft.«

49 *Nur Zeitschriften* – Hier beginnt eine gegen Johann Friedrich Reichardt gerichtete »Xenien«-Reihe (bis »Abscheu«, S. 53). Vgl. »Zeichen des Skorpions« (S. 24 und die Anm.). Die Journale »Frankreich« (Altona 1795-1797) und »Deutschland« (Berlin 1796-1797) wurden von Reichardt anonym herausgegeben. Als in der Zeitschrift »Deutschland« die »Horen« abfällig besprochen wurden, wuchs die Abneigung Goethes und Schillers gegen den »Skorpion«. Die »Horen«-Rezension gehörte zu den wenigen Originalbeiträgen der Zeitschriften, die sonst vorwiegend Auszüge aus bereits gedruckten oder zum Druck vorbereiteten Reiseberichten, politischen und literarischen Abhandlungen usw. enthielten. Goethe schrieb am 30. Januar 1796 an Schiller: »Aus Ihrem Briefe seh ich erst, daß die Monatschriften ›Deutschland‹ und ›Frankreich‹ *einen* Verfasser haben. Hat er sich emanzipieret, so soll er dagegen mit Karnevals Gips-Drageen auf seinen Büffelrock begrüßt werden, daß man ihn für einen Perückenmacher halten soll. Wir kennen diesen falschen Freund schon lange und haben ihm bloß seine allgemeine Unarten nachgesehen, weil er seinen besondern Tribut regelmäßig abtrug; sobald er aber Miene macht, diesen zu versagen, so wollen wir ihm gleich einen Bassa von drei brennenden Fuchsschwänzen zuschicken. Ein Dutzend Disticha sind ihm schon gewidmet . . .« Schiller

antwortete am folgenden Tage: »Daß Reichardt der Herausgeber des Journals ›Deutschland‹ ist, darauf können Sie sich verlassen; sowie auch darauf, daß er sich (oder doch der Rezensent, welches uns hier ganz *eins* ist) gegen die ›Unterhaltungen‹ sehr viel herausnimmt, obgleich er Sie bei andern Veranlassungen in der nämlichen Rezension mit vollen Backen lobt. Das Produkt ist unendlich miserabel.« Daß Reichardt als konsequenter Verteidiger aller Phasen der Französischen Revolution auftrat, bestärkte Goethe und Schiller in ihrer Ablehnung der revolutionären Ereignisse und verschärfte den Ton dieser Ablehnung in den »Xenien«.

Das Motto – Die Zeitschrift »Frankreich« erschien unter dem Motto »La verité, rien que la verité, toute la verité« (Die Wahrheit, nichts als die Wahrheit, die ganze Wahrheit).

Verschiedene Dressuren – Eine englische Übersetzung dieses Xenions erschien in der von Goethes Schwiegertochter Ottilie herausgegebenen Zeitschrift »Chaos« (1. Jg., Nr. 22, 1829).

50 *Schreckensmänner* – Anspielung auf Robespierre.

Schmarotzer – Reichardt war bis 1794 königlich-preußischer Kapellmeister und wurde entlassen, weil er sich zur Revolution bekannte. Das Xenion trifft jedoch nicht ihn allein; vgl. F. W. Riemer, »Mitteilungen über Goethe« (Berlin 1841, Bd. 1, S. 405).

Rote Kappen – Jakobinermützen.

Glöckchen – Narrenschelle.

51 *Verdienst* – Vgl. die dritte Anm. zu S. 48. Das Xenion gegen Nicolai wurde wohl versehentlich in die Reichardt gewidmete Reihe eingefügt.

Kantor – Anspielung auf Reichardts Schrift »Wanderungen und Träume im Gebiete der Tonkunst« (1795), in der viel von Kantoren und Organisten die Rede ist.

Klaven – clavis: (lat.) die Taste.

Halbvogel – Gemeint ist: Dilettant.

52 *Mottos* – Jede Nummer des Journals »Deutschland« erschien mit einem oder mehreren neuen Mottos.

Auszuziehen . . . zu beschmutzen – Gleich die ersten Hefte der Zeitschrift »Deutschland« enthielten Auszüge aus den »Horen« mit lobenden und kritischen Bemerkungen sowie die für Reichardt so folgenreiche Rezension. Über den Anteil, den Auszüge an Reichardts Journalen hatten, vgl. die erste Anm. zu S. 49.

Mitarbeiter – Gemeint ist wohl vor allem der anonyme Rezensent der »Horen« (vielleicht Reichardt). Zu den Mitarbeitern des Journals »Deutschland« gehörte eine Zeitlang auch Friedrich Schlegel, der sich jedoch bald von Reichardt trennte.

Das züchtige Herz – Reichardt griff Goethes »Römische Elegien«, die 1795 in den »Horen« erschienen waren, wie die meisten Zeitgenossen vom Standpunkt des Sittenrichters an.

53 *Der Hausierer* – Der Schriftsteller und Buchhändler Karl Friedrich Cramer, der seit 1796 in Paris lebte, hatte zahlreiche Berichte für Reichardts »Frankreich« geliefert. Cramer berief sich später oft auf seine Nennung in den »Xenien« und verfaßte mehrere infame und lächerliche Schriften gegen Goethe.

Lakai – Cramer; vgl. die vorige Anm.

Sanscülott – Vgl. die dritte Anm. zu S. 39.

54 *Anacharsis der Zweite* – Cramer (vgl. die zweite Anm. zu S. 53). Anacharsis nannte sich der aus Deutschland stammende Baron Johann Baptist von Cloots, der in Frankreich lebte, die radikale Revolution forderte, ausgewiesen wurde und nach dem Ausbruch der Revolution von längeren Reisen nach Paris zurückkehrte. Er stellte sich in den Dienst der Revolution, verlangte radikale politische und religiöse Reformen und wurde in den Nationalkonvent aufgenommen. Im Jahre 1794 jedoch wurde er seiner aristokratischen und nicht-französischen Herkunft wegen guillotiniert. – Anacharsis: sagenhafter, vielgereister Skythe aus königlichem Geschlecht, einer der Sieben Weisen des Altertums.

der Blinde . . . der Taube – Cramer und Reichardt.

Etymologie – Über die Entstehungszeit des Gedichts ist

nichts bekannt. Da Goethe sich hier abermals der Maske des Mephistopheles bedient, erscheinen die Verse hier im Anschluß an die Strophen aus dem Gespräch mit Luden. Die Etymologie als Lehre von der Verwandtschaft der Wörter einer oder mehrerer Sprachen und der gemeinsamen Urbedeutung ihrer Wurzeln steckte zu Beginn des 19. Jahrhunderts noch in den Anfängen. Zu den Begründern dieses Zweiges der jungen historisch-vergleichenden Sprachwissenschaft gehörte Jacob Grimm. Goethe verspottet die noch spielerisch vereinfachenden ersten Ableitungsversuche dieser Disziplin. Das Gedicht wurde zuerst in der Quartausgabe gedruckt (Bd. 1, 1836). – Gemeint ist Nicolai, dessen Name scherzhaft ins Griechische übertragen *νικόλαος* (Volkssieger) heißt.

Ominos – unheilvoll, bedenklich.

56 *Currus virum* ... – (lat.) Staunend erblickt man die leeren Wagen. Zitat aus Vergils »Aeneis« (VI. Gesang, Vers 651).

Kalender der Musen und Grazien – Gegen den von dem Pastor Friedrich Wilhelm August Schmidt-Werneuchen herausgegebenen »Kalender der Musen und Grazien für das Jahr 1796« gerichtet. Vgl. Goethes Gedicht »Musen und Grazien in der Mark«, das ebenfalls im »Xenien«-Almanach erschien.

Taschenbuch – »Taschenbuch von Johann Georg Jacobi und seinen Freunden«; es erschien für die Jahre 1795-1799. Zu Jacobis Freunden und Beiträgern gehörten u. a. Gleim und Schlosser.

Vossens Almanach – Johann Heinrich Voß gab seit 1775 den »Göttinger Musenalmanach« heraus.

57 *Schillers Almanach von 1796* – Der dem »Xenien«-Almanach vorausgegangene Schillersche Kalender war mit Schillers Gedicht »Die Macht des Gesanges« eröffnet worden, enthielt u. a. Schillers »Ideale« und schloß mit Goethes »Venezianischen Epigrammen«.

Eule – Attribut der Minerva, der römischen Göttin der Weisheit.

»Von und für Deutschland« – Titel einer Zeitschrift, die von Ph. S. A. von Bibra, anfangs auch von L. F. G. von Göckingk herausgegeben wurde (Fulda, Nürnberg und Frankfurt 1784 bis 1792).

Spielmann – Reichardt (vgl. die zweite Anm. zu S. 50).

Reichsanzeiger – »Der Reichsanzeiger oder Allgemeines Intelligenzblatt zum Behuf der Justiz, der Polizei und der bürgerlichen Gewerbe im Teutschen Reiche wie auch zur öffentlichen Unterhaltung der Leser über gemeinnützige Gegenstände aller Art« erschien in Gotha. Die Nummer vom 28. Oktober 1796 enthielt die erste gedruckte Reaktion der Betroffenen auf die »Xenien«, ein völlig mißlungenes Distichon, von dem Schiller sagte: »Sie können sich nichts Erbärmlicheres denken« (an Goethe am 28. Oktober 1796).

A. d. Ph. – Jakobs »Annalen der Philosophie«: vgl. vierte Anm. zu S. 19.

58 *A. D. B.* – Nicolais »Allgemeine Deutsche Bibliothek« (vgl. die dritte Anm. zu S. 23) fiel durch schlechten Druck und minderwertiges Papier auf.

A. d. Z. – Im »Berlinischen Archiv der Zeit und des Geschmacks«, an dem u. a. auch Reichardt mitarbeitete, war im März 1795 Daniel Jenischs Aufsatz »Über Prosa und Beredsamkeit der Deutschen« erschienen, auf den Goethe in den »Horen« mit dem »Literarischen Sansculottismus« antwortete.

Charitinnen – Die drei Grazien.

Aglaia – Grazie des Glanzes.

Deutsche Monatschrift – Vgl. die siebte Anm. zu S. 24.

G. d. Z. – »Genius der Zeit« (Altona 1794-1802), hrsg. von dem Diplomaten und Schriftsteller August von Hennings.

Urania – »Urania für Kopf und Herz« (Hannover 1793 bis 1795), hrsg. von Goethes Offenbacher Bekannten, dem Pfarrer Johann Ludwig Ewald. Urania: Muse der Astronomie.

59 *Merkur* – Teutscher Merkur. Im Jahre 1773 hatte Christoph Martin Wieland den »Teutschen Merkur« begründet, der sich sehr bald zu einer der bedeutendsten politisch-literari-

schen Zeitschriften des ausgehenden achtzehnten Jahrhunderts entwickelte. Seit 1790 erschien die Zeitschrift unter dem Titel »Der Neue Teutsche Merkur«; der Name des Herausgebers, der bisher nicht im Titel genannt wurde, stand nun auf dem Titelblatt. Als Wieland sich mit dem »Attischen Museum« 1796 ein neues Publikationsorgan geschaffen hatte, nahm seine aktive Beteiligung am »Merkur« immer mehr ab. Karl August Böttiger übernahm die Redaktion. Wieland verfaßte nur noch selten Beiträge für den »Merkur«. Zum Jahrgang 1802 steuerte er einen einzigen Aufsatz bei, seinen letzten Beitrag zu der Zeitschrift überhaupt.

Horen. Erster Jahrgang – Ein Musterbeispiel für das weitgespannte Programm der »Horen« war das sechste Stück des ersten Jahrgangs (Juni 1795), das Schillers letzte Briefe »Über die ästhetische Erziehung des Menschen« und Goethes »Römische Elegien« enthielt. Goethe hatte das Stück dieser Mischung wegen den »Zentaur« genannt.

Minerva – »Minerva, ein Journal historischen und politischen Inhalts« (Berlin und Hamburg 1792-1805). Der Herausgeber, der Historiker Johann Wilhelm von Archenholz, war ein Mitarbeiter der »Horen«.

Journal des Luxus und der Moden – Im Jahre 1786 begründeten Friedrich Justin Bertuch und Georg Melchior Kraus in Weimar das »Journal des Luxus und der Moden«, eine Unterhaltungszeitschrift, die 1814 den anspruchsvolleren Titel »Journal für Literatur, Kunst, Luxus und Mode« erhielt. Goethes Gedicht wurde vermutlich durch diesen neuen Titel und die entsprechende Erweiterung des Inhalts veranlaßt und zielt zugleich auf Böttiger, einen der eifrigsten Mitarbeiter des Journals. Erstdruck in der Quartausgabe (Bd. 1, 1836).

Der Wolfische Homer – Der Hallenser Philologe Friedrich August Wolf veröffentlichte 1795 seine »Prolegomena ad Homerum« (Einleitung zum Homer), in denen er die Theorie vertrat, daß die überlieferten Homerischen Dichtungen nicht das Werk eines einzelnen seien, sondern mehrere Verfasser hätten, die er »Homeriden« nannte. (Vgl. auch »Die Aufgabe«, S. 26, und die Anmerkungen.) Goethe stimmte dieser Theorie anfangs zu (vgl. die Elegie »Hermann und Dorothea« und Goethes Brief an Wolf vom 26. Dezember 1796), wandte sich aber bald wieder von ihr ab. Vgl. »Homer wieder Homer«:

Scharfsinnig habt ihr, wie ihr seid,
Von aller Verehrung uns befreit,
Und wir bekannten überfrei,
Daß Ilias nur ein Flickwerk sei.
Mög unser Abfall niemand kränken;
Denn Jugend weiß uns zu entzünden,
Daß wir *ihn* lieber als Ganzes denken,
Als Ganzes freudig *ihn* empfinden.

60 *M**** – Der Vielschreiber Christoph Meiners, Professor für Philosophie in Göttingen.

*Herr Leonhard*** – Leonhard Meister, Schriftsteller in Zürich.

Pantheon – Der erste Band des von K. G. Hofmann herausgegebenen »Pantheons der Deutschen« (Chemnitz 1794) enthielt die Biographien Luthers (von E. K. Wieland aus Leipzig) und Friedrichs II. (von H. Würzer aus Altona).

Borussias – »Borussias in zwölf Gesängen« (Berlin 1794) von dem Berliner Pfarrer Daniel Jenisch. Der achte und neunte Gesang war 1793 schon in Schillers »Neuer Thalia« erschienen. Durch seinen Aufsatz »Prosa und Beredsamkeit der Deutschen« (vgl. die zweite Anm. zu S. 58) hatte Jenisch sich jedoch die Feindschaft der beiden Dichter zugezogen. Er versuchte vergeblich, ihre Gunst durch eine ungeschickte Verteidigung der »Horen« zurückzugewinnen (in Gentz' »Neuer deutscher Monatsschrift«, November 1795), und »rächte« sich schließlich durch die »Literarischen Spießruten«.

der Krieg – Der Siebenjährige Krieg (1756-1763) war der Gegenstand der »Borussias«.

Guter Rat – Das lateinische Distichon lautet übersetzt (nach R. Helm): »Wißbegieriger, nimm vom gelehrten Maro die

›Mücke‹ [»Culex«, ein Publius Vergilius Maro zugeschriebenes komisches Epos], / Daß du nicht, läßt du das Spiel, ›Waffen und Helden‹ gleich liest.« Zugrunde liegt ein Epigramm des Martial (14. Buch, 185), das Schiller, dem Zweck entsprechend, leicht abgewandelt hatte. Jenisch hatte der »Borussias« den ersten Vers aus Vergils »Aeneis« als anspruchsvolles Motto vorangestellt: »Arma virumque cano« (Ich besinge den Kampf und den Helden). Früher hatte er unter verschiedenen Pseudonymen schwache Satiren und Humoresken veröffentlicht, an die die »Mücke« erinnern soll.

61 *Reineke Fuchs* – Goethes Versepos, die Erneuerung des alten niederdeutschen »Reinke de vos« (1498), war 1794 erschienen.

Menschenhaß und Reue – Titel eines der erfolgreichsten Dramen von Kotzebue (1789).

Schinks Faust – Im »Berlinischen Archiv der Zeit und des Geschmacks« erschien im Juli 1796 »Doktor Fausts Bund mit der Hölle. Ein kleines Ganze aus einem größern« von Johann Friedrich Schink. Vorangegangen war im November 1795 Schinks »Prolog zu einem dramatischen Gedichte: Doktor Faust«.

den schrecklichen Bund – Zitat aus Schinks Drama »Doktor Fausts Bund mit der Hölle«.

*An Madame B** und ihre Schwestern* – Es ist nicht geklärt, ob Karoline Schlegel, verw. Böhmer, gemeint ist oder die dänische Dichterin Friederike Brun. Beide Schriftstellerinnen hatten gleichgesinnte »Schwestern«, die wie sie herumreisten und die Schicksale vieler Menschen mit dem eigenen zu verknüpfen und zu lenken suchten; sehr umfangreiche Briefwechsel spielten dabei eine große Rolle.

Sibylle – Prophetin.

Parze – Schicksalsgöttin.

Almansaris und Amanda – Welche Zeitgenossinnen mit den Namen zweier Figuren aus Wielands »Oberon« insbesondere gekennzeichnet werden sollten, ist nicht ermittelt. Das Xenion bezieht sich auf sittenstrenge Kritikerinnen der »Römischen Elegien«.

62 *B*** – Vielleicht Friedrich Bouterwek, Professor der Philosophie in Göttingen, oder der dänische Dichter Jens Baggesen.

Erholungen – Im zweiten Stück der von Wilhelm Gottlieb Becker in Dresden herausgegebenen »Erholungen« erschien 1796 »Die Vernichtung. Eine Vision« von Jean Paul.

Moderezension – Vgl. den Zyklus »Herbst«.

ein ewiges Leben – Vermutlich gegen die zahlreichen Schriften über Unsterblichkeit gerichtet, die sowohl von Aufklärern als auch von Frömmlern herausgegeben wurden.

Höchster Zweck der Kunst – Gegen die Beurteilung antiker wie moderner Kunst unter christlichen Gesichtspunkten (vgl. etwa »Der Antiquar«, S. 12, und die Anm.).

Zum Geburtstag – An Wieland, dessen z. T. überlange Sätze Zelter so charakterisierte: »Wenn ich Lesestunden zu dirigieren hätte, so würde ich mit Wielands Prosa anfangen und von den Lehrbegierigen verlangen, daß sie dessen Perioden in einem Atem lesen müßten.« (An Goethe am 8.-12. Mai 1816.)

Lachesis – Diejenige der drei Parzen, die den Lebensfaden zuteilt.

63 *Unter vier Augen* – Die Beziehung ist nicht geklärt.

Scharade – Vielleicht meint das Silbenrätsel Friedrich Bouterwek (»Butterwecken«?), den Göttinger Philosophieprofessor.

Reichsanzeiger – Vgl. die fünfte Anm. zu S. 57. Von einer besonders dummen Frage oder Meinung sagten Goethe und Schiller häufig, sie passe in den »Reichsanzeiger«.

welsche Namen – Mignon, Lothario; in weiterem Sinne auch Philine, Laertes.

Göschen an die deutschen Dichter – Eine Prachtausgabe von Wielands Werken erschien seit 1794 bei dem Leipziger Verlagsbuchhändler Georg Joachim Göschen.

Lokation – Stellung, Rangordnung.

*Verleger von P** Schriften* – Gemeint ist Ernst Platner (vgl. die vierte Anm. zu S. 21). Einer seiner »Philosophischen Aphorismen« (1793) war überschrieben »L'homme machine« (Der Mensch als Maschine), eine Reminiszenz an das gleichnamige Werk von Lamettrie (1748).

64 *Josephs II. Diktum an die Buchhändler* – Eine »Eigenhändige Resolution des Kaisers, die Buchdruckereien und den Buchhandel betreffend« vom 20. August 1788 befürwortete die Praktiken der Nachdrucker: »Wer sich Lettern, Farbe, Papier und Presse einschafft, kann drucken wie Strümpf stricken, und wer gedruckte Bücher sich macht oder einschafft, kann solche verkaufen . . . Um aber Bücher zu verkaufen, braucht es keine mehrere Kenntnis, als wie um *Käs* zu verkaufen: nämlich ein jeder muß sich die Gattung von Büchern oder Käs einschaffen, die am mehresten gesucht werden, und das Verlangen des Publikums durch Preise reizen und benutzen.« In den »Xenien« wird dieses obskure Schriftstück als Entsprechung zu dem vorwiegend minderwertigen Angebot des deutschen Buchhandels zitiert. Vgl. dagegen Goethes Invektive auf Himburg.

Leipziger Markt – Die Buchmesse als Spiegelbild der gekennzeichneten Situation.

Akademie nützlicher Wissenschaften – Eine Akademie dieses Namens war in Erfurt gegründet worden; ihr gehörten u. a. Schiller, Wieland und die Brüder Humboldt an. Die »Preisfrage« ist erfunden.

G. G. – Gelehrte Gesellschaften, insbesondere wohl die Göttingische.

in corpore – (lat.) zusammen, versammelt.

Hörsäle auf gewissen Universitäten – Solche Standesprivilegien wurden in Göttingen besonders lange beibehalten. Außer nach ihrer Herkunft wurden die Studenten auch nach der Höhe des Kolleghonorars unterschieden, das sie zahlten.

Der Virtuose – Allgemeine Kritik; ein direkter Bezug ist nicht sicher nachzuweisen.

Eine hohe Noblesse – »Einer hohen Noblesse . . .«, mit dieser Ankündigung begannen die Anzeigen in der »Wiener Zeitung«.

65 *Bell-Lettres* – belles lettres: (franz.) Poesie.

Dyk – Johann Gottfried Dyk edierte in Leipzig eine Sammlung »Komisches Theater der Franzosen, für die Deutschen« (10 Bde., 1777-1786).

Bestimmung – Gemeint ist Johann Joachim Spaldings Werk »Die Bestimmung des Menschen. Nebst einigen Zugaben« (neue vermehrte Ausgabe, Leipzig 1794).

Kurant – Gültige Währung.

Metaphysik – Immanuel Kant sprach sein Verdikt über alle bisherige Metaphysik in der »Kritik der reinen Vernunft« (1781) aus: »Man kann also und muß alle bisher gemachte Versuche, eine Metaphysik dogmatisch zustande zu bringen, als ungeschehen ansehen . . .« Im Jahre 1796 veröffentlichte die Berliner Akademie der Wissenschaften die von ihr veranlaßten »Preisschriften über die Frage: Welche Fortschritte hat die Metaphysik seit Leibnizens und Wolffs Zeiten gemacht?« Ausgerechnet Daniel Jenisch erhielt das Akzessit für die Abhandlung »Über Grund und Wert der Entdeckungen des Herrn Professor Kant in der Metaphysik«, 1796. – Die Metaphysik erhielt ihren Namen deshalb, weil Aristoteles in seinem Lehrsystem das »Übersinnliche« nach (griech. μετά) der Physik behandelte. Vgl. auch Schillers 19. Brief »Über die ästhetische Erziehung des Menschen«.

Dinge an sich – Ein Grundbegriff der Kantischen Philosophie.

sub hasta – (lat.) in öffentlicher Versteigerung.

Gottesurteil – Daniel Jenisch (vgl. die zweite Anm. zu S. 58 und die vierte Anm. zu S. 60) führte im »Berlinischen Archiv der Zeit und des Geschmacks« eine Fehde mit Karl Reinhard, dem Redakteur des »Göttinger Musenalmanachs«; Reinhard verteidigte sich gegen Jenischs Veröffentlichung eines gefälschten, ihm zugeschriebenen Briefes. Diese Auseinandersetzung wurde in anderen Blättern lebhaft kommentiert; sie dauerte vom Dezember 1795 bis zum Oktober 1796.

66 *Sachen, so gestohlen worden ... Antwort ...* – Gegen die »Philosophische Sittenlehre« (Halle 1795) von Ludwig Heinrich Jakob (vgl. die vierte Anm. zu S. 19).

Avis – Anzeige.

Schauspielerin – Beziehung nicht ermittelt.

Professor Historiarum – Vielleicht ist Christian Gottlieb Heinrich in Jena gemeint, dessen wissenschaftliche Tätigkeit sich auf bloße Faktensammlung beschränkte und der 1789 gegen Schillers Ernennung zum Professor der Geschichte protestiert hatte.

Rezension – Gegen Rezensenten gerichtet, die das besprochene Werk nur kurz im allgemeinen loben und dieses Lob dann durch zahlreiche Einzelkritiken abschwächen. Eine direkte Beziehung ist nicht ermittelt. Das Xenion paßt jedoch zur folgenden Reihe.

67 *Literarischer Adreßkalender* – Die hier beginnende Reihe (bis »Neugier«, S. 68) richtet sich gegen Friedrich Schlegel. Goethe und Schiller standen seit Beginn der neunziger Jahre in freundschaftlicher Beziehung zu den Brüdern Schlegel. Friedrich Schlegel war ein enthusiastischer Verehrer Goethes und Schillers, hielt jedoch mit kritischen Einwänden vor allem gegen Schillers Arbeiten nicht zurück. Als er in Reichardts »Deutschland« im Juni 1796 eine Rezension des Schillerschen »Musenalmanachs« für 1796 (erschienen 1795) veröffentlichte, bereitete Schiller ihm noch während der Schlußredaktion der »Xenien« ein kleines Strafgericht, ohne jedoch mit den Brüdern Schlegel brechen zu wollen. Die vorliegenden acht Xenien beziehen sich auf diese Rezension, aus der Schiller verschiedene Sätze isolierte und als unlogisch verspottete, während sie im Zusammenhang der Rezension keineswegs diesen »verrückten« Charakter tragen.

Schillers Würde der Frauen – Das Gedicht war im »Musenalmanach« für 1796 erschienen. Das darin vertretene Frauenideal stand in völligem Gegensatz zu der Art Emanzipation der Frauen, die die Romantiker forderten. Friedrich Schlegel hatte, auf eine Anregung seines Bruders hin, über Schillers »Würde der Frauen« geschrieben: »Doch gewinnt sie, wenn man die Rhythmen in Gedanken verwechselt und das Ganze strophenweise rückwärts liest. Auch hier ist die Darstellung idealisiert, nur in verkehrter Richtung, nicht aufwärts, sondern abwärts, ziemlich tief unter die Wahrheit hinab. Männer, wie diese, müßten an Händen und Beinen gebunden werden; solchen Frauen ziemte Gängelband und Fallhut.«

68 *Pegasus* – Dem kritischen Urteil über Schillers Gedicht »Pegasus in der Dienstbarkeit«, das Schlegel seiner »Grellheit« wegen ablehnte, folgt in seiner Rezension ein nur wenig eingeschränktes Lob von August Friedrich Ernst Langbeins Legende »Der Kirchenbau in Aachen«.

Jeremiaden – Klagelieder (der alten Schule); sie werden abgeschlossen mit der Wiederholung des »Chorus« (S. 70).

Reichsanzeiger – Vgl. die fünfte Anm. zu S. 57.

Philosophen . . . Poeten – Das Lamento der älteren Generation bezog sich besonders häufig auf Kants und Fichtes Philosophie; ebensowenig wurden Schillers Briefe »Über die ästhetische Erziehung des Menschen« verstanden.

69 *Das Publikum im Gedränge* – Schiller schrieb am 23. Dezember 1795 an Goethe über Johann Jakob Engel: »Solchen Geistern . . . ist das Platte so gefährlich, wenn sie wahr und naiv sein wollen. Aber die göttliche Platitude: das ist eben der Empfehlungsbrief.«

Stubenmädchen zu Leipzig – Anspielung auf eine Lieblingsfigur des sächsischen Lustspiels, u. a. in den Stücken von Christian Felix Weiße.

Wochenvisite – »Die Wochenstube« von dem Dänen Ludvig von Holberg, eine in Deutschland vielgespielte Komödie.

Siegmund – Liebhaber aus Gellerts »Zärtlichen Schwestern«.

Amant – Liebhaber.

Maskarill – Komische Figur, oft ein als Marquis verkleideter Diener oder ein als Adliger auftretender Bürger. Hier ist der Diener aus Lessings Lustspiel »Der Schatz« gemeint.

Alte deutsche Tragödie – Vers 1 bezieht sich auf Lessings »Emilia Galotti«; Vers 2 stellt ihr die nach französischem Vorbild angefertigten deutschen Alexandrinertragödien der Gottschedschule gegenüber.

Philosoph'scher Roman – Die in der Aufklärungsliteratur zahlreich vertretene, meist sehr umfangreiche und langweilige Gattung erhielt noch in der »Xenien«-Zeit neue Muster, z. B. »Paulus Septimius oder Das letzte Geheimnis des Eleusinischen Priesters«, eine dialogische Behandlung von Kants »reiner« und »praktischer Vernunft« von Friedrich Bouterwek.

70 *Die zwei Fieber* – Dieses und die folgenden Epigramme (bis »Die Sonntagskinder«, S. 72) wurden durch einen Vorabdruck aus dem Abschnitt »Über das Studium der griechischen Poesie« aus Friedrich Schlegels historischen und kritischen Versuchen über das klassische Altertum veranlaßt, die unter dem Titel »Die Griechen und Römer« 1797 erschienen. Der Vorabdruck erschien 1796 im gleichen Heft von Reichardts »Deutschland«, das auch Schlegels Almanach-Rezension enthielt. Die »Xenien« tadeln vor allem die teilweise exzentrisch übersteigerte Ausdrucksweise Schlegels und parodieren Zitate, die isoliert paradox erscheinen müssen.

Gallomanie – Die sklavische Nachahmung französischer Vorbilder hatte die deutsche Literatur in der ersten Hälfte des 18. Jahrhunderts noch weitgehend bestimmt.

71 *Neueste Behauptung* – Gemeint ist Schlegels Bemerkung: »Charakterlosigkeit scheint der einzige Charakter der modernen Poesie.« An anderer Stelle spricht er über »das totale Übergewicht des Charakteristischen, Individuellen und Interessanten in der ganzen Masse der modernen Poesie«.

charakteristisch – Charakter – Hier: die Verkörperung typischer Eigenschaften und Verhaltensweisen. Als Grundlage künstlerischer Gestaltung spielte das Charakteristische eine wichtige Rolle in der klassischen deutschen Ästhetik. Wie wenig die Zeitgenossen den Terminus und seine künstlerische Verwirklichung, entgegen der ironischen Feststellung im Untertitel der »Parabeln«, zu schätzen wußten, belegt besonders deutlich der 1799 in Zusammenarbeit mit Schiller entstandene Aufsatz »Der Sammler und die Seinigen« (vgl. vor allem den 8. Brief, 3. Abteilung: »Charakteristiker«).

Griechische und moderne Tragödie – Schlegel behauptete, daß die antike Tragödie stets in »höchster Harmonie«, die moderne dagegen in »höchster Disharmonie« ende. Vgl. die folgenden Epigramme.

Jokasta – Die Mutter des Oedipus, Jokaste.

72 *Hamlet* – »Der Totaleindruck dieser Tragödie ist ein Maximum der Verzweiflung«, schrieb Friedrich Schlegel über den »Hamlet«.

Die Sonntagskinder – Hier schließt der Angriff gegen Friedrich Schlegel. Der Kritisierte antwortete mit einer Rezension des »Xenien«-Almanachs. Schiller hatte wohl ursprünglich nicht beabsichtigt, durch die »Xenien« einen Bruch mit den Schlegels herbeizuführen. August Wilhelm Schlegel versuchte noch einige Zeit, das alte Verhältnis fortzusetzen. Nach dem Erscheinen der erwähnten Rezension jedoch brach Schiller die Beziehung ab (vgl. seinen Brief an A. W. Schlegel vom 31. Mai 1797).

Xenien – Am 31. Januar 1796 schrieb Schiller an Goethe: »Ich habe dieser Tage den Homer zur Hand genommen und in dem Gericht, das er über die Freier ergehen läßt, eine prächtige Quelle von Parodien entdeckt, die auch schon zum Teil ausgeführt sind; ebenso auch in der Nekyomantie, um die verstorbenen Autoren und hie und da auch die lebenden zu plagen. Denken Sie auf eine Introduktion Newtons in der Unterwelt. – Wir müssen auch hierin unsere Arbeiten ineinander verschränken.« Außer dem XI. Gesang der »Odyssee«, der die Geschichte von den Freiern der Penelope und die Totenbeschwörung (Nekyomantie oder Nekromantie) zum Zwecke der Weissagung enthält, diente der VI. Gesang der Vergilschen »Aeneis« als Motivquelle für diese umfangreiche »Xenien«-Gruppe. Der »Unterwelt«-Zyklus, zum größten Teil Schillers Werk, beschließt das »Xenien«-Korpus des »Musenalmanachs«.

Manen – Die Seelen bzw. Geister der Verstorbenen.

73 *Acheronta movebo* – (lat.) Ich werde die Unterwelt in Bewegung setzen (»Aeneis«, VII. Gesang, Vers 312).

Reisebeschreiber – Nicolai.

Sterilemque . . . – (lat.) Und die unfruchtbare Kuh sei dein, Proserpina (»Odyssee«, XI. Gesang, Vers 30).

Hekate – Sie wurde oft mit der Todesgöttin Proserpina gleichgesetzt.

»Die Kunst zu lieben« – Vgl. die erste Anm. zu S. 16.

Elpenor – Einer der Gefährten des Odysseus (vgl. Goethes gleichnamiges dramatisches Fragment). Er schlief betrunken auf dem Dach des Hauses von Kirke, der Liebeszauberin, ein, stürzte herunter und brach den Hals. Das Epigramm bezieht sich wie das folgende auf Johann Georg Forster, der in Mainz 1792/93 entscheidenden Anteil an der Vorbereitung der »Rheinischen Republik« hatte. Als das Territorium dieser Republik Ende März 1793 von Truppen der antirevolutionären europäischen Koalition erobert wurde, hielt Forster sich in Paris auf. Er wurde in die Reichsacht erklärt und starb am 10. Januar 1794 in Paris. Seine revolutionäre Tätigkeit hatte Forster viele Feinde gemacht. Zu den wenigen, die ihn verteidigten, gehörte Friedrich Schlegel. Mit Goethe und Schiller war Forster literarisch und wissenschaftlich vielfach verbunden gewesen. Die Brüder Humboldt verehrten ihn außerordentlich. Daß Forsters Leben in den »Xenien« als eine Verirrung, sein tragisches Ende als eine Farce behandelt wird, gehört zu den krassen Ungerechtigkeiten dieses Werks. (Vgl. S. 75 und die Anmerkungen.)

Unglückliche Eilfertigkeit – Gegen Forster gerichtet; vgl. die vorige Anm.

Achilles – Gemeint ist Lessing.

74 *Bibliothek schöner Szientien* – Die Autoren der Leipziger »Neuen Bibliothek . . .« (vgl. die sechste Anm. zu S. 17) beriefen sich, wie die meisten epigonalen Aufklärer, auf Lessing als ihren »Mitkämpfer«. Szientien: Wissenschaften.

Gänsegeschlecht – Vgl. die zweite Anm. zu S. 25.

Nepoten – Neffen. Gemeint sind die Brüder Schlegel, Neffen des Aufklärers Johann Elias Schlegel, an dessen Stelle Lessing hier spricht.

Peleus – Antiker Held, der im hohen Alter seine Kräfte einbüßte. Das Epigramm ist auf Gleim gemünzt, der seine Anti-Xenien unter dem Titel »Kraft und Schnelle des alten Peleus« veröffentlichte. Vgl. Goethes Parodie »Deutscher Parnaß«.

in den Kalendern – Gleim war an zahlreichen Almanachen als Herausgeber und Mitarbeiter beteiligt, obwohl seine dichterischen Fähigkeiten längst nachgelassen hatten.

*G**** – Grenadier; Anspielung auf Gleims bestes Werk, die »Preußischen Kriegslieder« (zuerst Berlin 1758).

75 *Ajax* – Gemeint ist Gottfried August Bürger. Schillers sehr kritische Rezension »Über Bürgers Gedichte« hatte ein heftiges Für und Wider ausgelöst und beide Dichter zu kritischen Repliken veranlaßt. Nach Bürgers Tod (8. Juni 1794) erschien im »Göttinger Musenalmanach« 1795 eine »Grabschrift« von Klamer Schmidt: »Schon, o Kritiker, den du oft erzürnt hast, / Und wirf sühnende Blumen auf sein Grab hin.«

Tantalus – Eine direkte Beziehung des Epigramms, das gegen alle vergeblich sich mühenden Dichterlinge gerichtet ist, konnte bisher nicht erwiesen werden.

Hippokrene – Musenquelle.

Phlegyasque . . . – (lat.) Der sehr unglückliche Phlegyas warnt alle (»Aeneis«, VI. Gesang, Vers 618 f.). Phlegyas, der Vater des Ixion, büßte in der Unterwelt, weil er den Tempel des Apollon in Delphi in Brand gesteckt hatte. Dieses Epigramm ist ebenso wie die beiden folgenden gegen Forster gerichtet (vgl. die sechste Anm. zu S. 73).

des Weibes Rat – Forsters Frau Therese, geb. Heyne, stimmte den revolutionären Bestrebungen ihres Mannes zumindest zu. Das Xenion zielt aber vor allem auf Forsters Freundin Karoline Böhmer, geb. Michaelis, die dem revolutionären Klub in Mainz angehörte und 1793 für kurze Zeit verhaftet worden war. Sie heiratete 1796 A. W. Schlegel, 1803 den Philosophen Schelling.

sich die Kokarde zerzaust – Forster bereute seine revolutionäre Tätigkeit nicht, obgleich er in der Emigration resignierte. So schrieb er am 21. August 1793 aus Paris an seine Frau: »Es ist schlechterdings unmöglich, daß ein Mann von meiner Denkungsart, von meinen Grundsätzen, von meinem Charakter sich in einem öffentlichen Posten erhalten und folglich dem Staat nützen könne.« Klopstock dagegen, den das Epigramm vielleicht ebenfalls meint, hatte seine anfangs enthusiastische Begeisterung für die Ideen der Französischen Revolution später in wütenden Oden zurückgenommen.

Agamemnon – Er wurde nach der Heimkehr aus dem Trojanischen Kriege von seiner Gattin Klytaimnestra und seinem entfernten Verwandten Aigisthos ermordet. Das Xenion spielt wohl auch darauf an, daß Forsters Frau nach seinem Tod Ludwig Ferdinand Huber, einen Freund Forsters, heiratete. (Vgl. die fünfte Anm. zu S. 75.)

deine Gemahlin – Penelope, die alle Freier während der Abwesenheit Odysseus' mit der List abwehrte, daß sie erst eine große Webearbeit beenden müsse. Jede Nacht trennte sie das am Tage Gewebte wieder auf. Man darf annehmen, daß nicht nur der Gegensatz zwischen Agamemnon und Odysseus (Forster–Klopstock), sondern auch der Gegensatz zwischen den beiden Frauen Klytaimnestra und Penelope (Therese Forster–Johanna Elisabeth Klopstock), der politisch interessierten und der auf den häuslichen Kreis beschränkten Frau, betont werden sollte.

76 *Porphyrogeneta* – (lat.) Die im Purpur Geborene. Sie spricht warnend im Namen der während der Französischen Revolution enthaupteten Adligen und Fürsten, vor allem wohl im Namen des französischen Königspaares: Kopflosigkeit (im übertragenen Sinne) hat den Verlust allen anderen Besitzes zur Folge.

Sisyphus – Gemeint ist Kaiser Joseph II., der vergeblich versuchte, eine aufgeklärte Monarchie zu errichten.

Sulzer – Der Philosoph Johann Georg Sulzer hatte u. a. eine Abhandlung »Über die Unsterblichkeit der Seele, als ein Gegenstand der Physik betrachtet« geschrieben. Die Verse variieren eine Stelle aus Klopstocks »Messias« (VII. Gesang, Vers 422 ff.).

Haller – Albrecht von Haller verfaßte zahlreiche naturwissenschaftliche und philosophisch-dichterische Werke. Auch hier liegt ein »Messias«-Zitat zugrunde (VII. Gesang, Vers 421; vgl. die vorige Anm.).

Phädon – Mendelssohns »Phädon oder Über die Unsterblichkeit der Seele, in drei Gesprächen« war zuerst 1767 erschienen.

77 *den dummen Gesellen* – Nicolai. – Der Berliner Buchhändler und Literaturkritiker Friedrich Nicolai veröffentlichte 1775 anonym eine Satire auf Goethes »Werther« unter dem Titel: »Freuden des jungen Werthers – Leiden und Freuden Werthers des Mannes. Voran und zuletzt ein Gespräch«. In »Dichtung und Wahrheit« berichtet Goethe über die Wirkung seines Romans und der Satire; er schreibt: »Dann verfaßte ich zur stillen und unverfänglichen Rache ein kleines Spottgedicht, ›Nicolai auf Werthers Grabe‹, welches sich jedoch nicht mitteilen läßt.« (13. Buch; Bd. 13, S. 634.)

*L**** – Karl Gotthelf Lessing gab 1793-1795 eine Biographie seines Bruders Gotthold Ephraim heraus, »nebst seinem noch übrigen literarischen Nachlasse«. Auch die 1794 abgeschlossene dreißigbändige Ausgabe der Werke Lessings hatte der Bruder betreut. Die Fehlerhaftigkeit dieser Editionen wurde vielfach getadelt.

Dioskuren – Kastor und Pollux, das unzertrennliche Brüderpaar der antiken Sage. Gemeint sind die Brüder Christian und Friedrich Leopold zu Stolberg.

Unvermutete Zusammenkunft – Dieses Epigramm ist ebenso wie das folgende auf Karl Wilhelm Ramler gemünzt (vgl. die vierte Anm. zu S. 23). Ramler starb erst 1798, also nach dem Erscheinen der »Xenien«.

Lethe – In der griechischen Mythologie Gewässer der Unterwelt, aus dem die Toten trinken mußten. Sie verloren durch ihren Trunk die Erinnerung an ihr irdisches Leben.

78 *Peregrinus Proteus* – Die bedeutendste Quelle über das Leben und die Selbstverbrennung des kynischen Philosophen und Wanderpredigers ist Lukians Schrift »Das Lebensende des Peregrinus«. Peregrinus Proteus verbrannte sich 165 oder 167 während der Olympischen Spiele, um eine Hauptforderung der kynischen Philosophie, die Nichtachtung des Todes und körperlicher Schmerzen, in öffentlicher Schaustellung zu praktizieren. Lukian, entschiedener Gegner der Kyniker, verspottete den Philosophen und stellte ihn als Betrüger, Lumpen, Schwärmer und Vatermörder dar, wobei üble Nachrede und glaubwürdige Angaben satirisch gemischt erscheinen. Wieland fällte dagegen in seinem Roman »Peregrinus Protcus« ein milderes Urteil. Dies bekräftigte er in seiner Antwort auf das Xenion: »Peregrin war ein Schwärmer, ein Narr (wenn die Herren wollen) bis an sein Ende; aber in seinem ganzen Leben ist auch nicht ein einziger Zug, der ihn zu dem pöbelhaften Ehrentitel Lump qualifizierte . . .«

Lucian von Samosata – Wielands nahezu vollständige Übersetzung der Werke des griechischen Satirikers (1788/89) ist bis heute die beste Lukian-Übersetzung geblieben. Goethe und Schiller schätzten sie sehr. Lukians »Totengespräche« gehören zu den bekanntesten literarischen Dialogen, die auf der Fiktion des Besuchs eines Lebenden bei den Schatten des Hades beruhen. Das Vorbild aller dieser Werke – wie der des »Unterwelts«-Zyklus in den »Xenien« – ist der XI. Gesang der »Odyssee«.

Geständnis – Es spricht Lukian; jedoch auch an Wieland ist hier wohl gedacht.

Alcibiades – Athenischer Feldherr.

in Gemälden – Cramer hatte 1790 Alcibiades zum Gegenstand eines seiner wortreichen literarischen »Gemälde« gemacht (vgl. die erste Anm. zu S. 53).

Martial – Die »Xenia« des Martial gaben den Epigrammen Goethes und Schillers den Namen.

79 *Rhapsoden* – Dieses Epigramm ist ebenso wie die vier folgenden der Auseinandersetzung über die Tradition der Homerischen Werke gewidmet. Im Gegensatz zu Friedrich August Wolf vertrat der Göttinger Philologe Christian Gottlob Heyne die Theorie, daß ein einzelner Dichter diese Werke geschaffen habe. (Vgl. die fünfte Anm. zu S. 59.)

Einer aus dem Chor – Das Distichon folgt der »Odyssee« (IX. Gesang, Vers 5 ff.).

80 *Astyanax* – Sohn des Hektor und der Andromache (vgl. »Ilias«, VI. und XXII. Gesang). Er wurde nach Trojas Eroberung von einer Mauer gestürzt.

Philosophen – »Beim Schlusse, denke ich, geben wir noch eine Komödie in Epigrammen«, schrieb Schiller am 31. Januar 1796 an Goethe. Das neunzehnteilige Gespräch des Besuchers mit den im Hades versammelten Philosophen nahm Schiller später unter dem Titel »Die Philosophen« in seine Werke auf. Es ist die Verwirklichung der geplanten »Komödie«, die durch den aus dreiundzwanzig Distichen bestehenden Dialog mit Herkules (Shakespeare) abgeschlossen wird. Auch diese Gruppe nahm Schiller in seine Gedichte auf; sie trägt dort die Überschrift »Shakespeares Schatten«.

in pleno – (lat.) vollzählig.

das eine, was not – Vgl. Neues Testament, Evangelium des Lukas, Kap. 10, Vers 42. Hier ist die philosophische Frage nach dem Ausgangspunkt und den Möglichkeiten menschlicher Erkenntnis gemeint.

Jenaer Zeitung – Die Jenaer »Allgemeine Literaturzeitung«

wurde 1785-1803 von Christian Gottfried Schütz herausgegeben, seit 1804 unter Goethes Mitwirkung von Heinrich Karl Abraham Eichstädt als »Jenaische Allgemeine Literaturzeitung« weitergeführt. Sie bestand bis 1848 (seit 1842 als »Neue Jenaische Literaturzeitung«). Die »Allgemeine Literaturzeitung« vertrat in ihrer ersten Periode, als bedeutendstes deutsches Universitätsorgan, vor allem die Philosophie Kants und trug zu deren Verbreitung bei.

Einen allgütigen Satz . . . der auch allgemein gilt – Ein Höhepunkt Schillerscher Epigrammatik ist hier erreicht, da tatsächlich das Wesentliche der einzelnen philosophischen Systeme in jeweils einem Distichon zusammengefaßt ist. Vgl. dazu Goethes Gedicht »Die Weisen und die Leute«.

Einer aus dem Haufen – Descartes.

81 *Ein zweiter* – Spinoza.

Ein dritter – Berkeley.

Ein vierter – Leibniz.

Ein fünfter – Kant.

82 *Ein sechster* – Fichte.

Ein siebenter – Der Kantianer Karl Leonhard Reinhold, Professor der Philosophie in Kiel (1787-1794 in Jena). Auf seine Anregung hin beschäftigte sich Schiller intensiv mit Kant. Reinholds »Versuch einer neuen Theorie des menschlichen Vorstellungsvermögens« war zuerst 1789, in neuer Auflage 1795 erschienen.

Ein achter – Karl Christian Erhard Schmid, Professor der Theologie in Jena. Sein »Versuch einer Moralphilosophie« erschien 1790.

83 *Pufendorf* – Samuel von Pufendorf, einer der maßgebenden deutschen Naturrechtslehrer des 17. Jahrhunderts.

Possession – Besitz, Besitzverhältnis.

Gewissensskrupel – Kant forderte den Sieg des Willens zur Pflicht über die Neigung. Schiller schrieb darüber in seiner Abhandlung »Über Anmut und Würde« (1793): »In der Kantischen Moralphilosophie ist die Idee der *Pflicht* mit einer

Härte vorgetragen, die alle Grazien davon zurückschreckt und einen schwachen Verstand leicht versuchen könnte, auf dem Wege einer finstern und mönchischen Asketik die moralische Vollkommenheit zu suchen.« Gegenüber der Härte des Kantschen Postulats wertete Schiller die Einheit von Pflicht und Neigung als höchstes sittliches Prinzip. In der gleichen Abhandlung heißt es darüber: »Eine schöne Seele nennt man es, wenn sich das sittliche Gefühl aller Empfindungen des Menschen endlich bis zu dem Grad versichert hat, daß es dem Affekt die Leitung des Willens ohne Scheu überlassen darf und nie Gefahr läuft, mit den Entscheidungen desselben im Widerspruch zu stehen. Daher sind bei einer schönen Seele die einzelnen Handlungen eigentlich nicht sittlich, sondern der ganze Charakter ist es.«

Decisum – Richterspruch. Hier eine satirische Überspitzung des Kantschen Postulats. Vgl. die vorige Anm.

Herkules – Vgl. die zweite Anm. zu S. 80.

Seine Übersetzung – Gemeint ist Johann Joachim Eschenburgs Übersetzung von Shakespeares »Theatralischen Werken« (13 Bde., 1775-1782), die erste umfassende, allerdings ungenügende deutsche Shakespeare-Übersetzung.

84 *Herakliden* – Die Nachkommen des Herakles. Die folgenden Epigramme beruhen meist auf Versen des XI. Gesangs der »Odyssee«, die parodistisch verwandelt werden.

Pure Manier – Dieser Titel spielt auf eine Äußerung Friedrich Schlegels an, der im sechsten Stück der Zeitschrift »Deutschland« (vgl. die erste Anm. zu S. 67) über Shakespeare sagte: »Seine Darstellung ist nie objektiv, sondern durchgängig manieriert.« Nur isoliert wirkt dieses Urteil negativ.

Senn – Senne: ältere Form von Sehne.

Tiresias – Sagenhafter antiker Prophet. Hier ist Lessing gemeint, der in seiner »Hamburgischen Dramaturgie« Shakespeare und die griechische Tragödie als Vorbilder für die zeitgenössische deutsche Dramatik empfohlen hatte.

85 *Kothurnus* – Ursprünglich der hochgeschnürte Halb-

stiefel mit sehr dicken Sohlen, den Aischylos für die Heldendarsteller in der griechischen Tragödie eingeführt hatte, um ihrem Äußeren die der Rolle entsprechende Monumentalität zu verleihen. Die Bezeichnung wurde später auf den pathetischen Stil der großen Tragödie überhaupt übertragen.

dein geharnischter Geist – Im ersten Akt von Shakespeares Tragödie »Hamlet« erscheint der »geharnischte« Geist von Hamlets Vater. Werke Shakespeares wurden auf den deutschen Bühnen damals selten aufgeführt.

Spaß ... Jammer – Das deutsche Theater wurde von Lustspielen und Rührstücken im Stile Kotzebues, Ifflands und Schröders beherrscht.

Thalia ... Melpomene – Muse der Komödie und der Tragödie.

86 *Cäsar ...* – Als Gestalten der griechischen Tragödie, die in Dramen Shakespeares und Goethes ebenfalls auftreten.

Pfarrer ... – Vgl. die dritte Anm. zu S. 85.

Kabale – Iffland hatte »Kabale und Liebe« als Titel für Schillers »Luise Millerin« vorgeschlagen.

Pfänder – Anspielung auf Ifflands »Die Hagestolzen« (1791).

Silberne Löffel – In Schröders »Fähndrich«.

Pranger – In Kotzebues »Kind der Liebe«.

87 *Kasus* – Fall, Angelegenheit.

88 *Muse zu den Xenien* – Ende des Besuchs der Xenien (bzw. der »Xenien«-Dichter) in der Unterwelt.

Oden von Haschka – Die Oden des Wiener Schriftstellers Lorenz Leopold Haschka erscheinen der Muse als mindestens ebenso schrecklich wie das schlimmste Ungeheuer der antiken Sagenwelt, die Gorgo Medusa, deren grauenhafter Anblick den Betrachter in Stein verwandelte.

An die Freier – Vgl. die dritte Anm. zu S. 72 und das gleichnamige Xenion »An die Freier«:

Freier! Seid ihr beleidigt? Hier ist der Bogen Odysseus'!
Spannt ihn, wie wir ihn gespannt, schnellt durch die Äxte den Pfeil.

Im XXI. Gesang der »Odyssee« wird der Bogenkampf zwischen Odysseus und den Freiern, im XXII. Gesang die Tötung der Freier beschrieben. In den Xenien dagegen bleiben die »Freier« am Leben und werden zur Verteidigung aufgefordert.

Bogen . . . Ringe – Odysseus ließ beim Bogenkampf mit den Freiern zwölf Kampfeisen (»Äxte«) aufstellen, durch deren Ringe die Pfeile der Freier fliegen mußten.

Goethe im Insel Verlag

Goethe, Johann Wolfgang von: Insel-Goethe. 6 Bände. Herausgegeben von Emil Staiger, Walter Höllerer, Hans-J. Weitz, Norbert Miller u.a. Leinen in Kassette.
– – Sonderausgabe. Broschiert.
– Jubiläumsausgabe in sechs Bänden. Aus Anlaß des 150. Todestages am 22. März 1982. Gebunden, mit Dekorüberzug.

Einzelausgaben:
– Anschauendes Denken. Goethes Schriften zur Naturwissenschaft in einer Auswahl herausgegeben von Horst Günther. Mit Zeichnungen des Autors. it 550
– Briefe an Auguste Gräfin zu Stolberg. Herausgegeben und mit einem Nachwort von Jürgen Behrens. Mit Abbildungen und Faksimiles. IB 1015
– ›Das Tagebuch‹ Goethes und Rilkes ›Sieben Gedichte‹. Erläutert von Siegfried Unseld. IB 1000
– Dichtung und Wahrheit. Mit Bildmaterial. 3 Bde. in Kassette. it 149/150/151
– – Insel-Bibliothek. Leinen und Leder
– Die erste Schweizer Reise. it 300
– Elegie von Marienbad. September 1823. Faksimile einer Urhandschrift. Herausgegeben von Christoph Michel und Jürgen Behrens. Mit einem Geleitwort von Arthur Henkel. Faksimile und Kommentarband zusammen in Kassette. Leder
– Erfahrung der Geschichte. Historisches Denken und Geschichtsschreibung in einer Auswahl. Herausgegeben von Horst Günther. Mit Zeichnungen des Autors. it 650
– Faust. Erster Teil. Faksimile der Erstausgabe. Leder
– Faust I. Mit Illustrationen von Eugène Delacroix und einem Vorwort von Jörn Göres. it 50
– Faust. Zweiter Teil. Faksimile der Erstausgabe. Leinen und Leder
– Faust II. Mit Federzeichnungen von Max Beckmann. Mit einem Nachwort zum Text von Jörn Göres und zu den Zeichnungen von Friedhelm Fischer. it 100
– Faust. Gesamtausgabe. Leinen und Leder
– Faust. Drei Fassungen. Urfaust. Faust. Ein Fragment. Faust. Eine Tragödie. Herausgegeben mit einem Nachwort von Werner Keller. 2 Bde. it 625
– Frühes Theater. Mit einer Auswahl aus den dramaturgischen Schriften 1771–1828. Herausgegeben und mit einem Nachwort von Dieter Borchmeyer. it 675

Goethe im Insel Verlag

- Gedanken über Musik. Herausgegeben von Hartmut Schmidt und Hedwig Walwei-Wiegelmann. it 800
- Gedichte in zeitlicher Folge. Herausgegeben von Heinz Nicolei. 2 Bde. Leinen
- – it 350
- Goethes letzte Schweizer Reise. Dargestellt von Barbara Schnyder-Seidel. Mit zeitgenössischen Illustrationen. it 375
- Tagebuch der ersten Schweizer Reise 1775. Mit den Zeichnungen des Autors und einem vollständigen Faksimile der Handschrift. Herausgegeben und erläutert von Hans-Georg Dewitz. it 300
- Goethes Liebesgedichte. Ausgewählt und herausgegeben von Hans Gerhard Gräf. Mit einem Nachwort von Emil Staiger. it 275
- Goethes schönste Gedichte. Herausgegeben von Jochen Schmidt. IB 1013
- Hermann und Dorothea. Mit 10 Kupfern von Catel. it 225
- Iphigenie auf Tauris. Prosafassung. Herausgegeben von Eberhard Haufe. IB 1014
- Hier schicke ich einen Traum. 50 Geschenk- und Albumblätter. Faksimile im Lichtdruck. 1000 Exemplare limitiert. Herausgegeben und kommentiert von Gerhard Femmel. Format 30 × 40 cm in Kassette eingelegt. Kommentarband 32 S.
- Italienische Reise. Mit vierzig Zeichnungen des Autors. Herausgegeben und mit einem Nachwort von Christoph Michel. 2 Bde. it 175
- Tagebuch der Italienischen Reise 1786. Notizen und Briefe aus Italien. Mit Skizzen und Zeichnungen des Autors. Herausgegeben und erläutert von Christoph Michel. it 176
- it 175/176 in Kassette.
- Klassisches Theater. Herausgegeben und mit einem Nachwort von Dieter Borchmeyer. it 700
- Lektüre für Augenblicke. Herausgegeben von Gerhart Baumann.
- Die Leiden des jungen Werther. Bibliothek deutscher Erst- und Frühausgaben in originalgetreuen Wiedergaben. Herausgegeben von Bernhard Zeller.
- Die Leiden des jungen Werther. Mit einem Essay von Georg Lukács und Illustrationen von Chodowiecki. Nachwort von Jörn Göres. Insel-Bibliothek. Leinen und Leder
- – it 25
- Märchen. Der neue Paris. Die neue Melusie. Herausgegeben von Katharina Mommsen. it 825

– Maximen und Reflexionen. Insel-Bibliothek. Leinen und Leder
– – it 200
– Novellen. Herausgegeben und mit einem Nachwort von Katharina Mommsen. Mit Federzeichnungen von Max Liebermann. it 425
– Reineke Fuchs. Mit Stahlstichen nach Zeichnungen von Wilhelm Kaulbach. it 125
– Reise-, Zerstreuungs- und Trostbüchlein 1806–1807. 77 zum Teil vierfarbige Tafeln. Herausgegeben und mit einem Nachwort von Christoph Michel. it 400
– Das Römische Carneval. Mit den farbigen Figurinen von 1789 und Goethes Fragmenten »Über Italien«. Herausgegeben von Isabella Kuhn. it 750
– Römische Elegien. Faksimile der Handschrift und Transkription. Mit einem Nachwort von Horst Rüdiger. IB 1010
– Über die Deutschen. Herausgegeben von Hans-J. Weitz. it 325
– Die Wahlverwandtschaften. Mit einem Essay von Walter Benjamin. Insel-Bibliothek. Leinen und Leder
– – it 1
– West-östlicher Divan. Herausgegeben und erläutert von Hans-J. Weitz. Mit Essays zum »Divan« von Hugo von Hofmannsthal, Oskar Loerke und Karl Krolow. it 75
– Wilhelm Meisters Lehrjahre. it 475
– – Insel-Bibliothek. Leinen und Leder
– Wilhelm Meisters Wanderjahre oder Die Entsagenden. Mit einem Nachwort von Adolf Muschg. it 575
– – Insel Bibliothek. Leinen und Leder
– Wilhelm Meisters theatralische Sendung. Mit einem Vorwort von Wilhelm Voßkamp. it 725

Goethes Briefwechsel mit Marianne und Johann Jakob Willemer. Dokumente. Lebens-Chronik. Erläuterung. Herausgegeben von Hans-J. Weitz. Mit Abbildungen und Register. Leder

Goethe–Schiller: Briefwechsel. Neu herausgegeben und mit einer Einleitung versehen von Emil Staiger. Leinen
– – it 250

Eckermann: Gespräche mit Goethe in den letzten Jahren seines Lebens. Herausgegeben von Fritz Bergemann. 2 Bde. Leder
– – it 500